G000067089

EINSTEIN

EINSTEIN
Su vida, sus teorías y su influencia

Paul Parsons

Prólogo de
John Gribbin

BLUME

BLUME

Título original:
3-Minute Einstein

Traducción:
Remedios Diéguez Diéguez

Diseño:
Glyn Bridgewater

Revisión técnica de la edición en lengua española:
Alfonso Rodríguez Arias
Dr. Ingeniero Industrial

Coordinación de la edición en lengua española:
Cristina Rodríguez Fischer

Primera edición en lengua española 2012

© 2011 Art Blume, S. L.
Av. Mare de Déu de Lorda, 20
08034 Barcelona
Tel. 93 205 40 00
Fax 93 205 14 41
e-mail: info@blume.net
© 2011 Ivy Press Limited, East Sussex

I.S.B.N.: 978-84-9801-622-2

Impreso en China

Contenido

Prólogo

Todo el mundo ha oído hablar de Albert Einstein, pero pocas personas tienen
una idea clara de sus teorías. Paul Parsons es una de las personas que
entienden las teorías de Einstein. En este ingenioso libro ha encontrado
la manera de darlas a conocer al gran público, incluso a aquellos que,
en la escuela, tenían dificultades con las matemáticas. Al descomponer el
texto en fragmentos breves, fáciles de asimilar, en lugar de obligar al lector
a sumergirse en páginas y más páginas hasta llegar a la esencia, facilita
la comprensión de los hechos sin distorsionar la ciencia.

Naturalmente, las dos teorías de la relatividad ocupan el puesto de honor (algunos lectores tal vez se sorprendan de que en realidad existen dos teorías, no una). Explican cómo se distorsiona el tiempo al viajar y el espacio por efecto de la gravedad. No se olvidan los aspectos menos conocidos del trabajo científico de Einstein, de manera que también conoceremos cómo ayudaron sus contribuciones a la invención del láser, cómo patentó un tipo único de frigorífico, cómo demostró la existencia de los átomos y cómo invirtió sus últimos años en una búsqueda prematura de una «teoría del todo» (adelantándose a su tiempo en cincuenta años).

Sin embargo, uno de los datos más sorprendentes sobre los logros de Einstein es que tuvieron lugar en medio de una vida privada agitada. Tuvo una hija ilegítima cuando todavía era estudiante. Su primer matrimonio terminó en divorcio, y durante el segundo tuvo numerosos romances. La que se considera su obra más importante, la teoría general de la relatividad (que es, entre otras cosas, la teoría de los agujeros negros y del universo), se completó en Berlín durante la primera guerra mundial. Por aquel entonces escaseaban los alimentos y Einstein cayó gravemente enfermo. Y cuando debería haber conseguido una vida tranquila como el gran hombre alemán de la ciencia, el ascenso al poder de los nazis le obligó a huir a Estados Unidos. Irónicamente, allí, durante un tiempo, fue sospechoso de comunismo.

Todos estos datos proporcionan abundante material para varios libros. He leído algunos de ellos, pero, hasta donde yo sé, nadie ha abordado la historia de Einstein de manera tan breve pero tan precisa (o tan precisa y a la vez tan breve) como Parsons. Uno de los grandes placeres de este enfoque es que el lector puede abrir el libro por cualquier página y conocer una parte de la vida o de la obra de Einstein, ya que cada página forma un todo independiente. Aunque piense que ya lo conoce, en este libro encontrará algo que despertará su interés, y si no está familiarizado con su vida y su época, esta es la mejor manera de empezar.

JOHN GRIBBIN
Profesor visitante de Astronomía
Universidad de Sussex, Reino Unido.

Cómo funciona este libro

Este libro relata la historia de Albert Einstein en tres partes. El primer capítulo ofrece detalles de la vida del científico, desde su nacimiento (a finales del siglo XIX) en el sur de Alemania y su juventud como judío hasta su traslado a Suiza para estudiar, su regreso a Alemania como profesor de física y su emigración a Estados Unidos después del ascenso de Hitler al poder. El segundo capítulo analiza las teorías de Einstein. Sus dos teorías de la relatividad se convirtieron en la base de la física del siglo XX. Además, el lector encontrará abundante información sobre sus contribuciones a la ciencia menos conocidas: la predicción de la naturaleza corpuscular de la luz, la investigación de las propiedades fundamentales de la materia o la explicación del efecto fotoeléctrico (base de la energía solar). El último capítulo examina la influencia de Einstein, su legado, no sólo en relación con la ciencia, sino también en los campos de la tecnología, la filosofía, la política y el mundo en general.

Capítulo 1
Vida

Capítulo 2
Teorías

Capítulo 3
Influencia

Einstein

Cada capítulo se compone de 20 apartados de unos tres minutos de lectura cada uno. Así, por ejemplo, en el capítulo dedicado a las teorías encontrará entradas separadas sobre la teoría especial de la relatividad, los agujeros negros, el mundo cuántico, y muchas más. Cada apartado se divide en tres párrafos, y cada uno de ellos trata un aspecto del tema en cuestión. Por ejemplo, el apartado sobre los agujeros negros incluye un párrafo sobre «estrellas oscuras» (divagaciones sobre lo que pasaría a ser conocido como agujeros negros), uno sobre «horizontes y singularidades» (analiza la estructura y el funcionamiento de los agujeros negros), y un último dedicado a los «agujeros de gusano» (un extraño tipo de agujeros negros a través de los cuales sería posible viajar). Cada párrafo se lee en un minuto, aproximadamente.

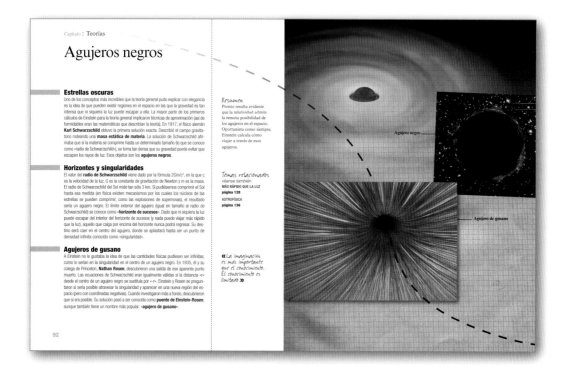

Experto al instante

Con esta estructura, cada capítulo se puede leer en una hora, y será conocedor de la vida personal y de los logros profesionales de Albert Einstein en unas tres horas. Además, cada capítulo termina con una cronología y un glosario para ayudarle a ordenar las ideas. No se convertirá en un genio como Einstein, pero en una tarde de lectura descubrirá la vida, las teorías científicas y el legado de uno de los mayores genios de todos los tiempos.

Introducción

Albert Einstein es el genio por excelencia de nuestro tiempo. Sus rasgos caídos, sus ojos brillantes y su peculiar cabellera se han convertido en las señas de identidad del hombre que nos dio a conocer las teorías de la relatividad y la fórmula $E = mc^2$. Su nombre por sí solo es ya una metáfora de brillo intelectual. Pero Einstein fue mucho más. Sus teorías general y especial de la relatividad no sólo pusieron sobre la mesa los misterios esotéricos del espacio y del tiempo si no que, además, sus descubrimientos han dado lugar a la energía solar, la informática y las comunicaciones a través de fibra óptica (e incluso los reproductores de Blu-ray). Prácticamente todos los habitantes del mundo desarrollado tenemos algo que agradecerle. Y su genio no se limitó a la ciencia. Participó activamente en política (hizo campaña para la creación de una patria para los judíos) y se convirtió en una figura destacada en el movimiento pacifista posterior a los bombardeos atómicos al final de la segunda guerra mundial (de los cuales se sintió responsable en parte). Para muchos, las cualidades de Einstein como ser humano fueron lo que más le hicieron destacar. Se convirtió en un gran crítico del autoritarismo, los prejuicios y el conformismo, y en defensor de la libertad de palabra y de pensamiento, y del individualismo. Sobre todo, Einstein conservó a lo largo de su vida un profundo sentido de la humildad. Cuando le preguntaban por sus grandes logros, solía responder: «No tengo grandes talentos; sólo soy apasionadamente curioso».

Arquetipo icónico

El pelo desordenado de Einstein y sus característicos rasgos fueron un regalo para los caricaturistas. Su fama fue tal que llegó a fingir que era otra persona para no tener que explicar sus teorías a los transeúntes que le reconocían por la calle.

Genio en ciernes

Einstein nació el 14 de marzo de 1879 en la ciudad alemana de Ulm. Su padre era ingeniero electricista. Mostró un talento temprano para las matemáticas y escribió su primer trabajo científico en 1895.

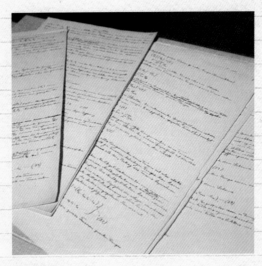

Joven científico

A partir de 1903, Einstein trabajó en la oficina de patentes de Berna. No ocupó un puesto académico hasta 1908. Publicó trabajos científicos mientras trabajaba en la oficina, incluyendo cuatro documentos de 1905 que fueron fundamentales para el desarrollo de la física moderna.

Cuadernos científicos

Muchos de los viejos cuadernos científicos de Einstein se conservan como parte de su legado literario. Ofrecen una fascinante visión de la mente de Einstein mientras intentaba encajar las últimas piezas de su teoría general de la relatividad.

Matrimonio y divorcio

Einstein se casó en dos ocasiones. Su primera mujer fue Mileva Maric, con la que se casó en 1903. Tuvieron tres hijos, Lieserl, Hans Albert y Eduard. Einstein y Mileva se divorciaron en 1919, el mismo año en que él se casó con Elsa (en la imagen).

Estatus de celebridad

Einstein con Charlie Chaplin en Hollywood, en el estreno de Luces de la ciudad *(1931). El éxito de sus teorías de la relatividad le convirtió en uno de los pocos científicos conocido por todos.*

Premios

Albert Einstein recibió en 1929 la medalla Max Planck de la Sociedad Alemana de Física. Se la entregó el propio Planck. Asimismo, fue premiado con el Nobel de Física de 1921 y con la prestigiosa medalla Copley de la Royal Society en 1925.

Inspiración musical

Einstein fue un apasionado de la música y se convirtió en un buen violinista a una edad muy temprana. La música le sirvió como fuente de inspiración más tarde, cuando trabajaba en problemas complicados de física.

Donjuán

La gravedad no fue la única fuerza de atracción en la vida de Einstein: además de sus dos matrimonios, se cree que tuvo numerosos romances. En esta fotografía, tomada en 1932, aparece rodeado de admiradoras.

Refugiado en Inglaterra

Cuando Hitler llegó al poder en Alemania, en 1933, Einstein (que era judío) se vio obligado a huir del país. Permaneció en Inglaterra durante un breve período de tiempo por invitación del comandante Oliver Locker-Lampson, que le asignó tres guardaespaldas armados para que le protegiesen.

Ciudadano estadounidense

Einstein recibió su certificado de ciudadanía estadounidense de manos del juez Phillip Forman el 1 de octubre de 1940. Desde octubre de 1933 viviría en Princeton, Nueva Jersey.

Orador brillante

Einstein se dirige a los asistentes del VIII Congreso Científico de América, en Princeton, en mayo de 1940. Aunque fue un físico brillante con un enfoque caótico que no le hizo destacar como conferenciante, casi nunca quedaron asientos vacíos en la sala.

Espíritu libre

Albert Einstein navegando en el lago Saranac (Nueva York), en agosto de 1945. La navegación fue una de las grandes pasiones del científico, aunque al menos en una ocasión tuvo que ser rescatado por la guardia costera.

Defensor de la paz

Después del bombardeo atómico de Hiroshima y Nagasaki, en 1945, Einstein colaboró en la fundación del Comité de Emergencia de Científicos Atómicos (en la imagen) para defender el control de las armas nucleares.

Activista

Einstein apoyó el movimiento sionista y la creación de una patria para el pueblo judío. Después de la fundación del estado de Israel, su primer ministro, David Ben-Burion, visitó a Einstein (en 1951).

Excéntrico

No es algo que veamos hacer a los científicos actuales, y mucho menos en 1951. La reacción espontánea de Einstein ante un reportero gráfico fue muy poco convencional y se ha convertido en todo un icono.

La muerte de un genio

Einstein murió como consecuencia de un aneurisma de la aorta el 18 de abril de 1955. Trabajó hasta el último momento desde la cama del hospital. Su cuerpo fue incinerado el mismo día de su muerte.

Legado

*La oficina vacía de Einstein
en el Instituto de Estudios
Avanzados de Princeton,
Nueva Jersey, el día de su
muerte. Su legado (a la ciencia,
la tecnología, la paz mundial e
incluso a la política) es inmenso.*

Influencia perdurable

*Más de cinco décadas después de
su muerte, Einstein sigue siendo
el símbolo del genio excéntrico y
encantador. Aquí podemos ver su
imagen en un robot humanoide,
Albert Hubo, creado por investigadores
del Instituto Avanzado de Ciencia
y Tecnología de Corea.*

17

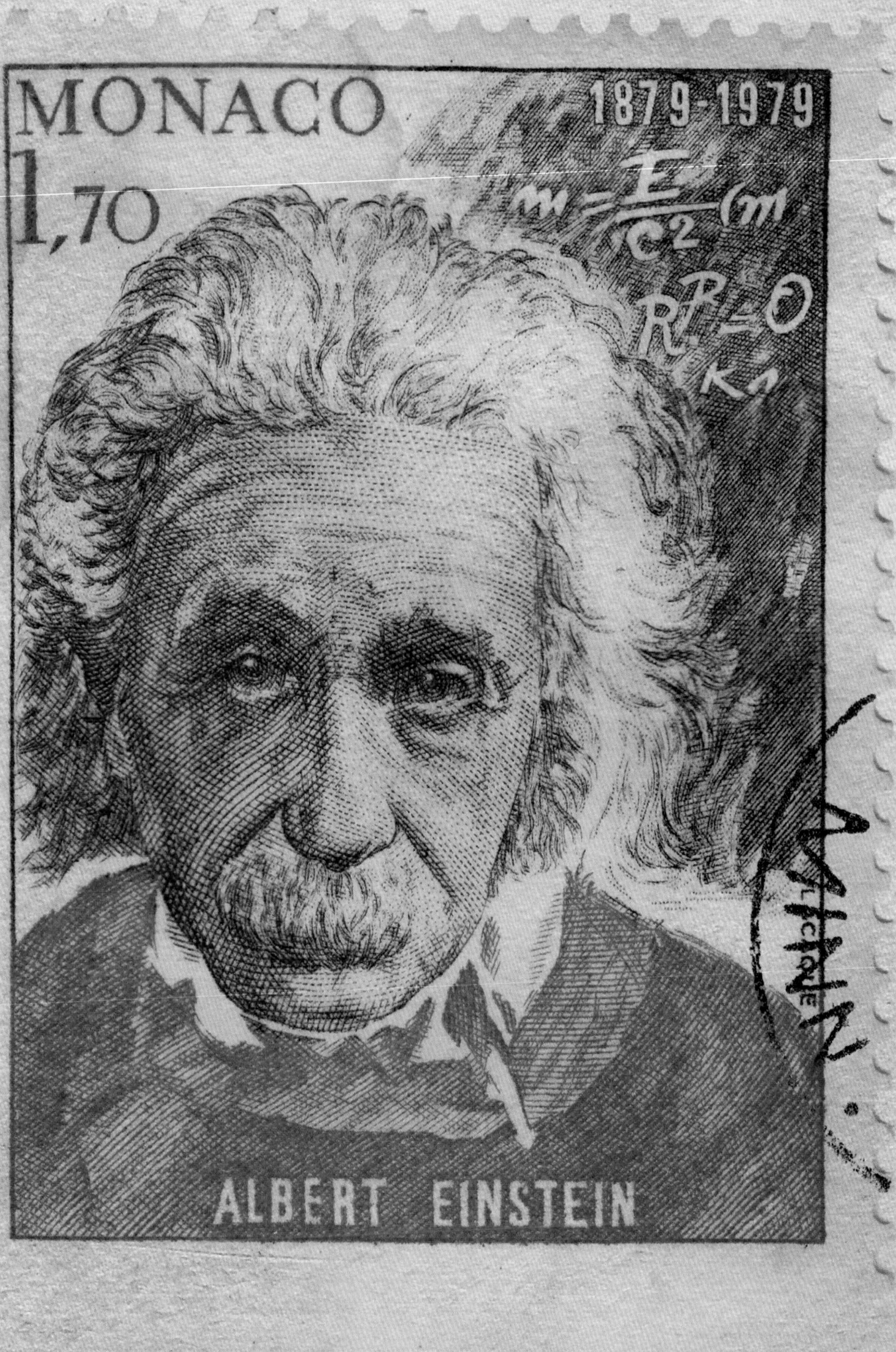
MONACO
1,70
1879-1979
ALBERT EINSTEIN

Capítulo 1

Vida

El principio

Nacimiento

Los padres de Albert Einstein no tenían ni idea de cómo cambiaría el mundo el peque-ño que vio la luz a las 11.30 de la mañana del **14 de marzo de 1879.** Einstein nació en **Ulm**, una antigua ciudad situada en el extremo sudoeste del nuevo Reich alemán. Sus padres querían llamarle Abraham, como su abuelo, pero decidieron que era un nombre demasiado judío (aunque ellos lo eran por ascendencia, no estaban interesa-dos en la religión) y decidieron ponerle **Albert**, un nombre que se grabaría para siem-pre en los anales de la historia.

Sus padres

El padre de Einstein, **Hermann**, nació en la ciudad alemana de Buchau en 1847. Cuando Albert vino al mundo, Hermann era socio de un almacén de colchones de plumas en Ulm. Su madre, **Pauline Koch**, nació en 1858 en Cannstatt, una población alemana próxima a Stuttgart. Se casaron en 1876, cuando Pauline tenía 18 años. En 1880, Hermann dejó el negocio, que no iba nada bien, y se asoció con su hermano, Jakob, en una fábrica de equipos eléctricos (generadores e iluminación, entre otros) llamada Einstein & Cie. La familia se trasladó a **Múnich**, sede de la empresa. Por desgracia, no fue lo próspera que Hermann esperaba. Murió en 1902. Su mujer, Pauline, vivió hasta 1920.

La hermana de Einstein

Hermann y Pauline Einstein tuvieron también una hija: Maria, o **Maja** (su nombre de pila), que nació dos años después de Albert, en 1881. Se cuenta que cuando éste la conoció, preguntó «¿Dónde están las ruedas?» porque creía que era un juguete nuevo. Albert y Maria, además de hermanos, fueron grandes amigos. Después del auge del fascismo en Europa, durante la década de 1930, Maja siguió a Albert y a muchos otros judíos a **Estados Unidos** y en 1939 se estableció cerca de su hermano, en Princeton. Su salud empezó a deteriorarse en 1946, después de un infarto. Murió en 1951 de ateroesclerosis (bloqueo de las arterias). Einstein escribió en una carta: «La echo de menos más de lo que se puede imaginar».

Resumen

Einstein nació en 1879, el mismo año en que Edison presentó la bombilla eléctrica y de la batalla de Rorke's Drift, entre británicos y zulúes.

Temas relacionados
véanse también
SUIZA
página 26
LOS HIJOS DE EINSTEIN
página 34
LLEGADA A ESTADOS UNIDOS
página 50

❝ *Nunca dejamos de asistir como niños curiosos al gran misterio en el que nacimos.* ❞

Ayuntamiento de Múnich

Maximilianeum, Múnich

Einstein de niño, 1882

Infancia

Lento en el habla

Tratándose del niño destinado a convertirse en el que probablemente sea el **científico más brillante** que haya existido, Albert Einstein tuvo unos principios un tanto titubeantes en la vida. Empezó a hablar muy tarde; no profirió sus primeras palabras hasta pasados los dos años. Algunas personas pensaron que era retrasado; la criada de los Einstein incluso le llamaba «el tonto». Cuando por fin se lanzó a hablar, desarrolló el extraño hábito de repetir por lo bajo cada frase que pronunciaba (una costumbre que conservó en cierto grado durante el resto de su vida). Se ha sugerido que la dificultad de Einstein con las palabras en su infancia podría explicar su preferencia por **pensar en imágenes**, algo decisivo en algunos de sus mayores logros científicos.

Escuela

El joven Einstein asistió a una escuela católica próxima a la casa familiar. Fue un niño solitario que prefería invertir su tiempo creando objetos con su juego de construcción o, simplemente, soñando despierto, en lugar de participar en juegos de grupo. A los nueve años empezó el instituto (el **Luitpold Gymnasium**, en el centro de Múnich). Einstein demostró su talento natural para las ciencias y las matemáticas. A los 15 años manejaba el cálculo, una técnica para estudiar cómo cambian las variables con el tiempo. Einstein demostró su **desprecio hacia la autoridad** por primera vez en esta etapa, lo que le granjeó la antipatía de muchos de sus profesores.

El joven músico

El joven Albert demostró talento para la música desde una edad temprana. Su madre, una excelente pianista, le envió a **clases de violín**. Einstein no tardó en convertirse en un violinista entusiasta y consumado. Desarrolló un profundo amor por la música clásica; su compositor favorito fue **Mozart**. La música continuó siendo una pasión para Einstein durante toda su vida. Se cuenta que cuando tenía poco más de 20 años entró sin llamar en la casa de un vecino al que había oído interpretando a Mozart al piano sólo para poder acompañarlo con su violín. Además, se cree que interpretó un dúo con el astrónomo y presentador de televisión sir Patrick Moore (por desgracia, no existe grabación del encuentro). La música no fue un simple pasatiempo para Einstein: le sirvió como fuente de **inspiración** beneficiosa para su concentración y su creatividad.

Resumen

Después de superar las dificultades con el habla, el joven Einstein destaca en matemáticas, ciencias y música. Desde una edad muy temprana se muestra solitario y rebelde.

Temas relacionados
véanse también
LA ESCUELA POLITÉCNICA DE ZÚRICH
página 28
LA FILOSOFÍA DE EINSTEIN
página 102

❝ El desarrollo intelectual debería empezar en el momento del nacimiento y cesar sólo con la muerte. ❞

Mozart

Geometría
mecánica

El genio incipiente

La brújula de Einstein

Cuando Einstein era muy pequeño, en torno a los cuatro o cinco años, su padre le regaló una **brújula**. Le fascinó el movimiento de la aguja en respuesta a una fuerza aparentemente invisible (el campo magnético de la Tierra). Este efecto de «acción a distancia» de los campos (y en especial el del **campo gravitatorio**, una fuerza ejercida por las masas de objetos pesados como las **estrellas** y los planetas) se convertiría en una línea fundamental de sus investigaciones científicas posteriores y llevaría a Einstein directamente hasta su **teoría general de la relatividad** (posiblemente, su mayor logro y todavía la teoría de la gravedad más convincente). Además, le llevaría a buscar una teoría de campo unificado que uniese todos los campos conocidos de la naturaleza en un mismo grupo.

Lector voraz

El interés de Albert por la ciencia se avivó a finales de la década de 1880 gracias a un joven llamado **Max Talmud**. Este voluntarioso estudiante de medicina acudía a la casa de los Einstein una vez por semana para comer con la familia (una costumbre judía). Al reparar en el potencial intelectual de Einstein y en su fascinación por el **funcionamiento de la naturaleza**, Talmud empezó a llevarle **libros de ciencia**. Aquel niño de 10 años leyó con avidez las grandes obras de divulgación científica del momento. Cuando acabó con todos los libros que le llevó Talmud, empezó con las matemáticas, la geometría y, posteriormente, la filosofía. Años más tarde, en 1921, Einstein volvió a encontrarse con Talmud (que había occidentalizado su apellido, cambiándolo por Talmey) durante una visita a Nueva York.

Pedaleando con la luz

En 1895, cuando tenía 16 años, a Einstein se le ocurrió una de las ideas más importantes de toda su vida. Se preguntó cómo sería montar en **bicicleta** sobre un **rayo de luz**. Si la luz se movía como todos los demás objetos, en relación con Einstein sobre su bicicleta, el rayo de luz debería aparecer quieto, congelado en el espacio. Como descubriría el joven, la realidad era todo lo contrario. Diez años más tarde, ese simple germen de idea le llevó a desarrollar una teoría que provocaría una revolución en nuestra concepción sobre la luz, los objetos que se mueven a gran velocidad y la propia naturaleza del **espacio y el tiempo**.

Resumen
El Einstein adolescente encuentra inspiración en el movimiento de la aguja de una brújula. A los 16 años, mientras monta en bicicleta, emprende el camino hacia la relatividad.

Temas relacionados
véanse también
FUNDAMENTOS DE
LA TEORÍA ESPECIAL
página 74
FUNDAMENTOS DE
LA TEORÍA GENERAL
página 80
TEORÍA DE CAMPO UNIFICADO
página 100

❝ A los 12 años me entusiasmaba comprobar que bastaba razonar para descubrir la verdad... Me convencí de que la naturaleza podía entenderse como una estructura matemática relativamente sencilla. **❞**

El misterio de las
estrellas llevó a
Einstein a algunos
de sus mayores
descubrimientos

J. J. Grandville,
L'Autre Monde

Suiza

El traslado hacia el sur

En el otoño de 1894, las circunstancias llevaron al joven Albert Einstein (que tenía entonces 15 años) a establecerse en **Suiza**. El negocio de electricidad de su padre había quebrado, lo que obligó a la familia a trasladarse a Italia (donde pensaron que las cosas les irían mejor). El plan era que Albert se quedase en Múnich para acabar sus estudios en el Luitpold Gymnasium, pero a él no le gustó la idea de quedarse solo. El rechazo del instituto hacia la **actitud rebelde** de Einstein acabó de convencerle para marcharse. Su intención era matricularse en la Escuela Politécnica de Zúrich para estudiar matemáticas y física. Existía otra razón para que Einstein dejara Alemania antes de cumplir los 17: evitar la llamada a filas. Todos los hombres alemanes fueron convocados a servir por un tiempo en el ejército, una perspectiva que atemorizó al joven y díscolo Einstein.

Estudios en Aarau

Los planes de Einstein para entrar en la Escuela Politécnica de Zúrich se frustraron al suspender el examen de ingreso. Aunque pasó la sección de ciencias sin problemas, no obtuvo tan buenos resultados en el examen general, con preguntas sobre temas tan diversos como literatura o lenguas extranjeras (temas por los que Einstein no sentía interés y que, por tanto, apenas estudió). Decidió volver a intentarlo al año siguiente. Mientras tanto, y como no quería regresar a Alemania, asistió a una escuela en **Aarau**, a 40 km al oeste de Zúrich. El estilo docente era mucho más liberal que el que Einstein había conocido en Alemania; fomentaba el **pensamiento libre** y el **individualismo** en lugar de la unificación y la memorización. Einstein se identificó con aquel enfoque y terminó siendo el segundo mejor de su clase.

Los Winteler

Durante su estancia en Aarau, Einstein se alojó en casa de la **familia Winteler**. Tal como había encontrado un hogar intelectual en el entorno docente de la escuela de Aarau, halló un hogar emocional con los Winteler. La familia compartía muchos de sus **instintos socialistas** y liberales. El cabeza de familia, Jost, le ayudó a cultivar los valores que el científico representaría posteriormente. Con los Winteler, Einstein creció socialmente; pasó muchas tardes charlando con ellos en lugar de sumergirse en sus estudios, como había sido su costumbre hasta entonces. Tras unos meses con la familia, una de las hijas, **Marie**, se convirtió en la primera novia de Albert (la primera de muchas). Su hermana, Maja, se casaría con el hijo de los Winteler, Paul.

Resumen

Einstein se traslada a Suiza, donde encuentra formación, relaciones sociales positivas y el amor (y donde busca poder pasar su juventud sin tener que alistarse en el ejército).

Temas relacionados
véanse también
LA ESCUELA POLITÉCNICA DE ZÚRICH
página 28
EL ACTIVISTA
página 54

❝ *Lo único que interfiere en mi aprendizaje es mi educación.* **❞**

Los Alpes suizos

La Escuela Politécnica de Zúrich

El novato

En 1896, Albert Einstein repitió el examen de ingreso la **Escuela Politécnica de Zúrich**. Su puntuación fue de 5,5 sobre 6. Lo había conseguido. Su intención era formarse como profesor especializado en matemáticas y física, pero su independencia y la originalidad de sus ideas empezaron a crearle problemas. Si bien destacaba en los aspectos teóricos (por ejemplo, en los estudios de termodinámica o de la teoría electromagnética de **James Clerk Maxwell**), rara vez asistía a las clases prácticas. Y, cuando lo hacía, manifestaba su desacuerdo con las instrucciones y adoptaba su propia metodología para desesperación de su tutor, Jean Pernet. Las cosas se pusieron muy difíciles cuando la libertad experimental de Einstein provocó una **explosión** de la que salió herido en una mano.

¡Perro perezoso!

Los profesores de Einstein en Zúrich no tardaron mucho en empezar a tratar al joven igual que habían hecho sus maestros en Múnich. Después de suspender el primer examen de ingreso, en 1895, el jefe del Departamento de Física, **Heinrich Weber**, invitó a Einstein a permanecer en Zúrich y asistir a las lecciones a pesar de no estar matriculado como alumno a tiempo completo. Einstein rechazó la oferta. Poco después, su actitud inconformista dañó todavía más las relaciones entre Einstein y Weber. «Eres un muchacho muy inteligente, Einstein», le dijo Weber. «Pero tienes un gran fallo: no permites que nadie te diga nada». El comentario más despectivo le llegó a Einstein de su profesor de matemáticas, **Hermann Minkowski**, que le llamó «**perro perezoso**». Minkowski se tendría que tragar sus palabras más tarde, cuando se convirtió en un gran admirador (y colaborador en su desarrollo) de la teoría de la relatividad.

Graduación

Einstein se graduó en 1900, el cuarto de su clase (de cinco). Su rechazo por la física experimental jugó un papel importante en esa posición, igual que su desinterés por todo aquello que no le llamase la atención. Parte de la nota final correspondía a un trabajo de investigación. Einstein quería investigar cómo se movía la Tierra a través del **éter** (una sustancia a través de la cual se creía que se propagaban las **ondas de luz**, como olas en la superficie de un estanque). Pero a Weber no le impresionó. Y Einstein optó por entregar un trabajo sobre el calor, un tema que a él no le interesaba. Teniendo en cuenta todo lo sucedido, tal vez debería haberse considerado afortunado por haber conseguido graduarse.

Resumen

Einstein se convierte en alumno de la Escuela Politécnicade Zúrich. Pronto se manifiesta como un físico brillante, pero también como un estudiante perezoso y rebelde.

Temas relacionados
véanse también
ELECTROMAGNETISMO
página 72

FUNDAMENTOS DE
LA TEORÍA ESPECIAL
página 74

« ¡Viva la imprudencia! Es mi ángel de la guardia en este mundo. **»**

James Clerk Maxwell

Escuela Politécnica
de Zúrich

Einstein enamorado

Mileva Maric

La persona que terminó en quinta posición en la clase de Einstein en la Escuela Politécnica de Zúrich fue una joven llamada **Mileva Maric**. Durante los dos años anteriores a su graduación, Mileva y Einstein mantuvieron relaciones. Maric era de procedencia húngara, y casi cuatro años mayor que Albert. Ambos compartían la **pasión por la ciencia**, y Mileva desprendía un aire de misticismo que a Einstein le resultó irresistible. La pareja se casó en Berna en 1903, y Maric fue la madre de los tres hijos de Einstein. Sin embargo, la gran dedicación del científico a su trabajo (y a otras mujeres) acabó siendo demasiado para Mileva. Se separaron en 1914 y se divorciaron en 1919. Mileva Maric murió en 1948.

Elsa Lowenthal

La gota que colmó el vaso y que puso fin al matrimonio de Einstein con Mileva Maric fue la relación del científico con **Elsa Lowenthal**, su prima por partida doble: la madre de Elsa y la de Einstein eran hermanas, y sus padres eran primos hermanos. Einstein conoció a Elsa cuando eran pequeños, pero no iniciaron su **relación** hasta 1912, durante una visita a Berlín (donde ella vivía). Después de romper con Maric, en 1914, Elsa y Albert se fueron a vivir juntos. En contaste con Maric, una intelectual misteriosa, a Elsa no le interesaba demasiado la ciencia y tenía una figura un tanto maternal. Fue la **guardiana y cuidadora** fuerte que Einstein, ya agotado por el trabajo y las demás presiones de la vida, necesitaba. Se casaron en 1919.

Mujeriego cósmico

Einstein tuvo **innumerables aventuras** durante toda su vida. Al parecer, el ingenio y el aspecto llamativo de Einstein **atraían como un imán** a las mujeres. Y Einstein parecía encantado: «La mitad superior planifica y piensa mientras la mitad inferior determina nuestro destino», escribió en una ocasión. Entre sus conquistas figuraron mujeres de toda clase y condición, hasta el punto de que antes de casarse con Elsa, pensó en pedir la mano de su hija Ilse, de 20 años. El irrefrenable Einstein no se detuvo ahí, y tuvo una aventura romántica con su secretaria, **Betty Neumann** (al parecer, con el consentimiento de Elsa). Aunque encantador y amable (y también un poco egoísta), en algunas ocasiones la actitud de Einstein con las mujeres fue claramente chovinista (por ejemplo, cuando decidió que la prometida de su hijo no era lo suficientemente atractiva y le recriminó tan mala elección).

Resumen

Hombre de ciencias despreocupado por las necesidades biológicas: esa era la imagen de muchos científicos a principios del siglo xx. Pero no la de Einstein.

Temas relacionados
véanse también
BERNA
página 32
LOS HIJOS DE EINSTEIN
página 34

❝ *Cualquier hombre capaz de conducir bien mientras besa a una chica bonita es que no está prestando al beso la atención que merece.* ❞

Berna

La oficina de patentes

Después de graduarse en la Escuela Politécnica de Zúrich, en 1900, Einstein pasó dos años **infructuosos** intentando conseguir un trabajo académico. Su búsqueda se vio dificultada por dos factores. En primer lugar, su campo (la física teórica) todavía era una disciplina emergente, con pocas salidas. En segundo lugar, y más grave, la **rebeldía** de Einstein hizo imposible que consiguiese una sola referencia positiva de sus profesores de Zúrich. En 1902 dejó de buscar y aceptó un puesto en la **oficina suiza de patentes**, en **Berna**, conseguido a través de su amigo Marcel Grossman (su padre conocía al director). Como «técnico experto de tercera clase», Einstein tenía que valorar los méritos técnicos de cada solicitud recibida. Disfrutó con la variedad del trabajo, y el dinero ganado le permitió casarse con su novia Mileva Maric.

La Academia Olympia

Mientras vivía en Berna, Einstein y dos amigos (Maurice Solovine y Conrad Habicht) fundaron un club. Se reunían con frecuencia para hablar de ciencia y filosofía. Se pusieron el nombre de **Academia Olympia**, una sátira de los nombres rimbombantes con que se bautizaba a las sociedades intelectuales. Entre los trabajos discutidos en la academia figuraron los escritos del filósofo **David Hume** y del matemático **Henri Poincaré**. Aunque el club tuvo una corta vida, ya que Solovine y Habicht dejaron Berna dos años más tarde, los tres componentes mantuvieron su amistad de por vida.

Año milagroso

Einstein continuó con sus investigaciones científicas en su tiempo libre. En 1905, sus esfuerzos dieron fruto y su nombre saltó al panorama científico internacional. Sólo en aquel año, Einstein publicó cuatro trabajos científicos revolucionarios. Utilizó el campo emergente de la teoría cuántica para explicar el **efecto fotoeléctrico** (cómo algunos metales emiten electrones cuando se exponen a la luz). Después se centró en el **movimiento browniano**, los movimientos aparentemente aleatorios de las partículas suspendidas en un fluido (Einstein atribuyó esos movimientos a choques con los átomos, demostrando la existencia de esas partículas que hasta entonces habían sido motivo de polémica). En los dos últimos trabajos planteó su **teoría especial de la relatividad** (con el primer trabajo reescribió el libro sobre el movimiento de objetos que se mueven a gran velocidad, y en el segundo presentó su famosa ecuación $E = mc^2$). No es de extrañar que 1905 se considere el «año milagroso» de Einstein.

Resumen

Incapaz de encontrar trabajo en una universidad, Einstein acepta un puesto en la oficina suiza de patentes, en Berna. Dispone de mucho tiempo libre para dedicarse a su auténtica vocación: la investigación científica.

Temas relacionados
véanse también
ELECTROMAGNETISMO
página 72
TEORÍA ESPECIAL
DE LA RELATIVIDAD
página 76
MECÁNICA ESTADÍSTICA
página 94

« *Era capaz de hacer el trabajo de todo el día en dos o tres horas. El resto del tiempo trabajaba en mis ideas.* **»**

Berna, Suiza

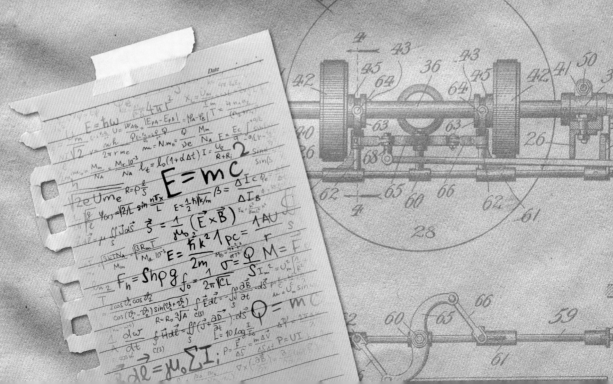

Los hijos de Einstein

Hans Albert

Hans Albert Einstein nació el 14 de mayo de 1904, fruto del matrimonio entre Albert Einstein y su primera mujer, Mileva Maric. Einstein, entusiasmado, puso su creatividad técnica en práctica en el diseño de juguetes para el bebé, entre ellos un tranvía fabricado con **cajas de cerillas y cuerda**. Sin embargo, la relación entre padre e hijo siempre fue **tensa**. Durante la separación de sus padres, Hans Albert empezó a mostrar resentimiento hacia su padre. Cuando anunció, a los 15 años, su intención de estudiar ingeniería, Einstein se puso furioso: era la profesión que había llevado a la ruina económica a su tío y a su padre. Finalmente, Hans Albert llegó a ser profesor de Ingeniería en la Universidad de California, Berkeley. Murió en 1973 de un ataque al corazón. Tenía tres hijos.

Eduard

Eduard *Tete* **Einstein** fue el segundo hijo de Albert y Mileva. Nació en 1910. Como ocurrió con Hans Albert, Einstein fue un padre atento durante los primeros años, pero su relación se deterioró a medida que Eduard creció, y apenas se vieron después de la separación de Einstein y Mileva. Eduard asistió a la Universidad de Zúrich para estudiar medicina; su ambición era convertirse en **psiquiatra**. Sin embargo, una cruel ironía hizo que padeciese de **esquizofrenia**. Pasó gran parte de su vida en instituciones psiquiátricas, donde los tratamientos probablemente empeoraron su estado. Murió de un infarto en 1965. Nunca se casó ni tuvo hijos.

Lieserl

Albert Einstein y Mileva Maric tuvieron también una hija a la que llamaron **Lieserl**. Nació en 1902, antes que Hans Albert y Eduard. En aquel momento, Einstein y Mileva no disponían de medios para casarse. Einstein vivía en Berna y estaba a punto de empezar a trabajar en la oficina de patentes. Para él habría sido difícil conciliar una hija ilegítima con una carrera de funcionario respetable. Así, la existencia de Lieserl se mantuvo en **secreto** y sólo se reveló cuando se descubrió una colección de cartas (hasta entonces desconocida) entre Einstein y Mileva, en 1986. No sabemos lo que el destino deparó a Lieserl. Algunos historiadores creen que fue entregada en adopción; otros afirman que murió de escarlatina (las cartas entre Maric y Einstein indican que contrajo la enfermedad). Es un **misterio** de la vida de Einstein que, probablemente, nunca se aclarará del todo.

Resumen

Albert Einstein tuvo tres hijos: dos niños, Hans Albert y Eduard, y una niña, Lieserl, cuya existencia se descubrió 30 años después de la muerte de Einstein.

Temas relacionados
véase también
EINSTEIN ENAMORADO
página 30

❛❛ ¡También he considerado muchas ideas científicas mientras te paseaba en tu cochecito! ❜❜

Hans Albert

Eduard

Mileva Maric

Figura emergente

El profesor Einstein

A pesar de publicar **cuatro trabajos pioneros** en 1905, su «año milagroso» (entre ellos los de la teoría especial de la relatividad), pasaron tres años hasta que Einstein pudiera conseguir el trabajo académico que tanto deseaba. En 1908 obtuvo un puesto de profesor en la **Universidad de Berna**, aunque el salario y los horarios no le permitieron dejar la oficina de patentes. Las lecciones le sirvieron como aprendizaje para convertirse en profesor a tiempo completo, aunque apenas preparaba las clases y su manera de enseñar era **caótica**. No obstante, en 1909, por fin se cumplió su sueño y fue nombrado profesor de Física Teórica en la Universidad de Zúrich.

A Praga

Los departamentos de física de otras universidades empezaron a notar, y también a envidiar, las famosas dotes del **profesor Einstein**. Tanto es así, que en 1910 le ofrecieron una plaza en la prestigiosa **Universidad Karl-Ferdinand** de Praga. Einstein ocupó el puesto en 1911. Zúrich no le dejó marchar sin antes ofrecerle un aumento de sueldo de más del 20 %. Mientras estaba en Praga, Einstein empezó a dar pasos considerables partiendo de la teoría especial de la relatividad hacia la teoría general, mucho más amplia y compleja, desarrollando la teoría de que la luz debía desviarse en un campo gravitatorio. Mientras tanto, la fama de Einstein continuó aumentando y recibió **invitaciones para dar conferencias** en universidades e instituciones de toda Europa.

...y después Berlín

En 1912, Einstein regresó a Zúrich para ocupar un puesto en la Escuela Politécnica, que recientemente se había convertido en el **Instituto Tecnológico Federal Suizo Zúrich**. El gran cambio, sin embargo, llegó cuando le ofrecieron un puesto en la **Universidad de Berlín**, la institución científica más importante del mundo en aquel momento. Además, Einstein fue nombrado director del nuevo Instituto Kaiser Wilhelm de Física (también en Berlín) y fue admitido en la Academia Prusiana de Ciencias (con 34 años, se convirtió en su miembro más joven). Sus obligaciones docentes eran mínimas, lo que le permitió dedicar gran parte de su tiempo a la investigación. Einstein aceptó el nombramiento en 1914. Fue una decisión que le compensó, ya que un año más tarde publicó su obra magna: la **teoría general de la relatividad**.

Resumen
Después de la teoría especial de la relatividad, Einstein tardó tres años en encontrar un trabajo académico. A partir de entonces, su carrera asciende de forma meteórica.

Temas relacionados
véanse también

❝ He recibido tal aluvión de preguntas, invitaciones y peticiones que sueño que ardo en el infierno y el cartero es el diablo que me grita eternamente mientras me lanza puñados de cartas a la cabeza**❞**

Universidad de Berlín

Universidad
Karl-Ferdinand, Praga

General View of Berlin

National

Parliament (Reichstag) Building

Brandenburg Gate

Royal Theatre

Berlin Elevated Railway

Una celebridad renuente

Un nombre muy conocido

Después de la publicación de su teoría general de la relatividad (y especialmente después de que **Arthur Eddington** demostrase con experimentos que la luz se desvía, tal como Einstein había predicho), pasó a ser conocido no sólo en los círculos científicos, sino como una celebridad en todo el mundo. La prensa le adoraba: en un mismo hombre aunaba a un **genio científico** que le proporcionaba historias fascinantes sobre el universo y a un **rebelde fotogénico** de mente aguda que siempre tenía una cita breve y expresiva para responder a sus preguntas. El público se sintió cautivado. Einstein afirmó que el interés de los medios le resultaba agotador, pero las personas que tenía más cerca opinaban lo contrario: que el hombre espectáculo que llevaba dentro disfrutaba con sus atenciones.

Einsteinmanía

En 1921, más de 40 años antes de que los Beatles enloqueciesen al público en sus actuaciones en directo durante su segunda gira por Estados Unidos, Albert Einstein se embarcó en su propia **gira estadounidense**. La recepción no fue menos fanática. Comenzó en Nueva York y después visitó Washington D. C., Chicago, Princeton, Harvard, Hartford y Cleveland. Recorrió algunas calles de Nueva York con un desfile de vehículos, entre bocinas ensordecedoras y los gritos de la multitud. En Washington visitó la Casa Blanca, donde conoció al **presidente Warren G. Harding**. A pesar de utilizar la lengua alemana, todas sus conferencias registraron un lleno absoluto.

La alfombra roja

La **fama** de Einstein había llegado para quedarse. En 1921 visitó la costa este de Estados Unidos y las regiones del Medio Oeste, pero en 1931 regresó para visitar la costa oeste. Pasó un tiempo en el Instituto de Tecnología de California, uno de los mejores centros de investigación en Estado Unidos, y visitó el observatorio del monte Wilson en la época en que los astrónomos estaban descubriendo la expansión del universo. Durante una visita a Hollywood conoció y entabló amistad con el actor **Charlie Chaplin**, con el que compartía unos ideales políticos **de izquierdas**. Chaplin, Einstein y la segunda mujer de éste, Elsa, asistieron juntos al estreno de *Luces de ciudad* y disfrutaron del entusiasmo del público. En aquel momento, Chaplin comentó: «Me saludan porque todos me entienden, y a usted le saludan porque no le entiende nadie». Durante la visita, Elsa cobró un dólar por autógrafo del científico y cinco dólares por una fotografía con él (las ganancias se destinaron a obras benéficas para la infancia).

Resumen

El nombre de Einstein se extiende por todo el mundo y la «einsteinmanía» se apodera de Estados Unidos. Mientras tanto, el científico visita al presidente y va al cine con Charlie Chaplin.

Temas relacionados
véanse también
¿QUIÉN FUE ALBERT EINSTEIN?
página 46
INFLUENCIA POPULAR
página 144

❝ Con la fama me vuelvo cada vez más estúpido, algo que, por supuesto, es un fenómeno muy común. ❞

Einstein y Charlie Chaplin, 1931

El presidente Warren G. Harding

El premio Nobel

Por los servicios a la física

Einstein recibió el **premio Nobel de Física de 1921** por su trabajo sobre el efecto fotoeléctrico y por los «servicios prestados a la física teórica». El misterio era por qué el mejor físico de su generación había tardado tanto en ganar dicho premio. No se le tuvo en cuenta para el premio en 1920 debido a la enorme publicidad desatada después de la confirmación de su teoría general de la relatividad, que provocó que muchos considerasen que se **promocionaba a sí mismo**. En 1921, sorprendentemente el comité de los Nobel prefirió no entregar el premio antes de dárselo a Einstein. Fue en 1922 cuando se creyó conveniente premiarle con carácter retrospectivo (el físico cuántico danés **Niels Bohr** recibió el premio de 1922). La reacción de Einstein fue típica de él: decidió visitar Japón en lugar de recoger el premio personalmente.

Pensión alimenticia sueca

Einstein siempre esperó ganar el Nobel algún día, hasta el punto de que durante las negociaciones de su divorcio de Mileva, en 1918, incluyó la oferta de entregarle la suma del futuro premio. En el caso del Nobel de 1921, dicha suma ascendió a **121.572 coronas suecas** (que equivaldrían a unos 300.000 euros actuales). Los historiadores han debatido hasta la saciedad si el científico cumplió o no su promesa. Ciertas pruebas descubiertas en 2006 sugieren que Einstein **invirtió** una buena cantidad de ese dinero (y lo **perdió** casi todo durante la Gran Depresión).

La mayor paradoja de la relatividad

El único premio Nobel que recibió Einstein (por el **efecto fotoeléctrico** y sus «servicios a la física teórica», una definición algo oscura (tal vez de forma deliberada), fue el de 1921. Una de las **mayores injusticias** de la ciencia podría ser que el comité del premio nunca reconociera su teoría de la relatividad, que (junto a la teoría cuántica) resultó ser uno de los dos grandes pilares de la física del siglo xx. Einstein fue nominado por su teoría especial de la relatividad (descubierta en 1905) en varias ocasiones entre los años 1910 y 1922, pero nunca se le concedió porque la teoría era tan radical que el comité afirmó que las pruebas para avalarla no bastaban. Las nominaciones póstumas no están permitidas, por lo que nunca existirá un premio Nobel para el **mayor logro** de la mente de Albert Einstein.

Resumen

En 1921, Einstein recibe por fin el premio Nobel de Física (16 años después de publicar su teoría de la relatividad). Estaba tan emocionado que viajó a Japón en lugar de recoger el premio personalmente.

Temas relacionados
véanse también
ELECTROMAGNETISMO
página 72
TEORÍA ESPECIAL
DE LA RELATIVIDAD
página 76

❝ *Para castigarme por mi desprecio a la autoridad, el destino me ha convertido en una.* ❞

Sellos conmemorativos de Einstein —————

Medalla del premio Nobel

Otros premios

La medalla Copley

Einstein recibió numerosos **premios** de ciencias además del Nobel. En 1925 se le concedió la medalla Copley, de la Royal Society londinense. El reconocimiento, que lleva el nombre de **Sir Godfrey Copley** (fundador del premio en 1709), antecede al Nobel en casi 200 años. El hecho de recibir un premio de una institución inglesa supuso un estimulante cambio. Einstein recibió en 1920 la noticia de que iban a otorgarle la medalla de oro de la Royal Astronomical Society (RAS)... hasta que un grupo de miembros intolerantes protestó por destinar el premio a un alemán-suizo-judío. Finalmente, se le **retiró**. Más tarde, no obstante, cambiaron de opinión y Einstein recibió la medalla en 1926.

La medalla Max Planck

En 1929, Einstein recibió la primera **medalla Max Planck**, creada por la Sociedad Alemana de Física, por su excelencia en el campo de la física teórica. Se la entregó el propio Planck, amigo y colega de Einstein durante muchos años. La medalla fue uno de los muchos premios y honores que recibió Einstein desde que la confirmación de la teoría general de la relatividad por parte de Eddington le lanzase al estrellato. Entre dichos reconocimientos, recibió **cinco doctorados honoris causa**. Aunque Einstein aceptó los premios de buen grado, los consideraba de poca importancia en comparación con la satisfacción que obtenía de su trabajo.

Personaje del siglo

El 14 de junio de 1999 (44 años después de su muerte), Albert Einstein apareció en la portada de *Time*. El motivo: ocupaba el **primer puesto** en la lista de los 100 personajes más influyentes del siglo xx elaborada por la revista (por encima de la Madre Teresa, Mahatma Gandhi y Bill Gates, por ejemplo). Los editores de *Time* citaron el hecho de que el siglo «sería recordado sobre todo por la ciencia y la tecnología», dos campos cuyo **icono natural** era Einstein. El científico ya había protagonizado la portada de *Time* en cuatro ocasiones. El 18 de febrero de 1929 se incluyó un artículo sobre su búsqueda de una teoría de campo unificado. El 4 de abril de 1938 apareció un reportaje sobre su marcha a Princeton huyendo de la Alemania nazi. El número del 1 de julio de 1946 habló del legado de la bomba atómica. Y el 19 de febrero de 1979 se incluyó un reportaje para conmemorar el centenario de su nacimiento. Aunque pocos discutieron su coronación como **personaje del siglo**, la lista fue controvertida por la inclusión en ella de Adolf Hitler y del personaje de dibujos animados Bart Simpson.

Resumen
Después del premio Nobel, a Einstein le llueven los reconocimientos. Éstos culminan con el de Personaje del Siglo por parte de la revista *Time*. Einstein venció por un estrecho margen a la Madre Teresa y a Bart Simpson.

Temas relacionados
véanse también
DESCUBRIMIENTOS EPÓNIMOS
página 140
LEGADO CULTURAL
página 148

« *El valor del logro radica en el proceso.* **»**

Max Planck

בנק ישראל

5

חמש לירות ישראליות

ישב ראש
המועצה המייעצת

נגיד הבנק

התשכ"ח 1968

Prominent American

ALBERT EINSTEIN
MATHEMATICIAN - PHYSICIST
NOBEL PRIZE WINNER
1879 - 1955

8c

Series

Artmaster

First Day of Issue

PRINCETON, N.J.
MAR 14 1966
08540

Una mente maravillosa

Poder mental

¿En qué medida era **inteligente** Albert Einstein? Nunca lo sabremos porque nunca llegó a realizar un test de inteligencia. Algunos científicos han intentado calcular su **CI** basándose en lo que se sabe sobre él. La escala del CI define el coeficiente intelectual de un individuo con un número que representa su edad mental, dividido por la edad real y multiplicado por 100. El CI es una medida general de la inteligencia, y, aunque Einstein destacara en matemáticas y física, no existen garantías de que demostrase la misma capacidad en otras materias: de hecho, Einstein no aprobó el primer intento para entrar en la Escuela Politécnica de Zúrich debido a su falta de capacidades lingüísticas. No obstante, se calcula que Einstein tuvo un CI de **más de 160**, lo que situaría su habilidad mental dentro de un privilegiado 0,003 % de la población.

Receta para un genio

No fue sólo la destreza intelectual la que procuró a Einstein todos sus maravillosos logros. Su cerebro alojaba un **potente cóctel** de otros talentos y habilidades que facilitaron los saltos mentales que para otros eran imposibles. Su imaginación y su creatividad le llevaron a considerar soluciones a problemas que no se les habían ocurrido a otros científicos. Su **perseverancia** y su capacidad de trabajo hicieron que nada le detuviese cuando tenía alguna idea. Por ejemplo, trabajó hasta casi caer agotado durante la formulación de su teoría general de la relatividad. Y su legendario **poder de concentración** le permitió aislarse de las distracciones. En una ocasión, durante una cena celebrada en su honor, estaba tan absorto garabateando ecuaciones debajo de la mesa que no respondió a la llamada para hablar (a pesar de la ovación recibida, con el público en pie).

El síndrome *geek*

En 2003, científicos de las universidades de Oxford y Cambridge anunciaron estudios que sugerían que Einstein podría haber sufrido una forma leve de autismo conocida como **síndrome de Asperger**. Hans Asperger fue un pediatra austríaco que en la década de 1940 observó unos rasgos comunes característicos en algunos niños: intereses muy concretos y seguidos con mucho interés, hasta casi la obsesión, junto a cierta falta de empatía y de capacidad de comunicación. Los investigadores citaron como pruebas las dificultades de Einstein en las relaciones, su **obsesión** por su trabajo y su hábito de la infancia de repetir frases una y otra vez. En la actualidad, se cree que el síndrome se manifiesta en el cerebro de muchas personas brillantes en matemáticas, ciencias o informática, de ahí que algunos lo llamen el **síndrome *geek***.

Resumen

Albert Einstein había pasado sin duda el examen de ingreso en Mensa y poesía una capacidad de concentración que le permitía trabajar en cualquier circunstancia, incluso en un gran bullicio.

Temas relacionados
véanse también
LA ESCUELA POLITÉCNICA DE ZÚRICH
página 28
TEORÍA GENERAL DE LA RELATIVIDAD
página 82

❝ No tengo talentos especiales. Sólo soy apasionadamente curioso. ❞

¿Quién fue Albert Einstein?

Gestos ocasionales de amabilidad

Albert Einstein no sólo demostró tener una mente rápida y facilidad para los números. Entre sus muchas cualidades personales cautivadoras estaba su **amabilidad**. Durante sus últimos años en América, fue tutor de matemáticas y ciencias de niños de escuelas locales (tarea que llevó a cabo desinteresadamente). En una ocasión concedió una entrevista a un esforzado estudiante de periodismo cuyo profesor le había prometido la nota más alta si conseguía una entrevista con el científico más importante del mundo. Paradójicamente, la amabilidad de Einstein parecía desaparecer cuando se trataba de sus familiares. El científico valoraba por encima de todo su **independencia**. Cuando ésta se veía comprometida por las exigencias emocionales de sus seres queridos, se refugiaba en su trabajo. Y eso le hizo parecer un marido frío y un **padre distante**.

El excéntrico

Einstein se convirtió en el símbolo del profesor distraído de **pelo alborotado**. En una ocasión, mientras llovía, se quitó el sombrero y dijo: «Mi pelo ha soportado el agua muchas veces, pero no sé cuántas veces podría soportarla mi sombrero». Su sentido de la orientación era desastroso y se perdía con frecuencia. En una ocasión llamó a su secretaria para preguntarle dónde estaba su casa. Esas **distracciones torpes** resultaron ser una mezcla peligrosa durante la práctica de su afición favorita, la navegación. Tuvo que ser rescatado por miembros de su club en varias ocasiones. Y, por si fuera poco, nunca llevaba calcetines, ni siquiera en las ocasiones formales (para ocultar esa costumbre utilizaba botas). Einstein fue el típico **excéntrico**, y la gente le adoraba por eso.

Arrogancia

Para tratarse de alguien tan humilde y sencillo en muchos aspectos, Einstein mostró también una tendencia a grandes manifestaciones de **arrogancia** y **descaro**. En 1901, después de leer un trabajo que describía las propiedades de los metales en términos de partículas subatómicas llamadas electrones, escribió a su autor (el profesor Paul Drude, de la universidad alemana de Giessen) para señalarle varios fallos en sus argumentos... y pedirle trabajo. Cuando Drude le envió su respuesta, no precisamente amable, Einstein juró hundirlo en las publicaciones científicas. Fue igual de **desdeñoso** en la defensa de sus teorías contra los críticos. Cuando un periodista le preguntó qué habría hecho si las observaciones del astrónomo Arthur Eddington sobre los eclipses no hubieran estado de acuerdo con la teoría de la relatividad, Einstein respondió: «Lo habría sentido por ese buen señor. La teoría es correcta».

Resumen

A Einstein se le ha descrito como un rebelde, un excéntrico y la personificación de la bondad humana. Sin embargo, el auténtico Albert Einstein fue una mezcla todavía más extraña.

Temas relacionados

véanse también

LOS HIJOS DE EINSTEIN
página 34
PRUEBAS DE LA RELATIVIDAD
página 88

❝ Los ideales que han iluminado mi camino, y que me han dado valor una y otra vez para afrontar la vida con alegría, han sido la bondad, la belleza y la verdad. **❞**

Conferencia de
Einstein, 1940

Religión

Judío perdido

Como la mayoría de los aspectos de la vida de Albert Einstein, su relación con la religión fue **muy poco convencional**. Nació en el seno de una familia judía no practicante, hasta el punto de que Einstein acudió a un colegio católico en el que disfrutó mucho aprendiendo sobre la **fe católica** (incluso ayudó a algunos compañeros en ese campo). Cuando Einstein pasó al instituto, recibió formación en **judaísmo** por primera vez. Se interesó mucho por esos estudios y observó las costumbres de la religión judía. Posiblemente se trató de una manifestación temprana de su vena rebelde, ya que sus padres no sentían ningún interés por la religión.

El ateo efímero

El entusiasmo de Einstein por el judaísmo pronto se vio eclipsado por una nueva religión: la **ciencia**. En el instituto y en su vida privada empezó a leer a los grandes científicos y filósofos. Estas obras del **racionalismo** dejaron en él la sensación de que la Biblia le había engañado. Aunque esta aversión a los formalismos de la religión organizada permaneció con Einstein durante el resto de su vida, más tarde negó categoricamente su no creencia en Dios al encontrar una nueva fe en la **belleza y el orden de la naturaleza**. De hecho, se burló públicamente del ateísmo de los demás calificándolo como una forma de intolerancia.

El Dios de Spinoza

En lugar de suscribir la idea de un señor con barba sobre una nube dispensando recompensas y castigos por los actos buenos y malos de los hombres, Einstein se decantó por la idea de un Dios manifestado en la **armonía de la naturaleza**. Dicha visión fue planteada en el siglo XVII por el filósofo holandés **Baruch Spinoza**. «Creo en el Dios de Spinoza, que se revela en la armonía de la leyes del mundo», afirmó Einstein en 1929, «no en un Dios que se ocupa del destino y de los actos de la humanidad». Esta filosofía influyó incluso en el trabajo científico de Einstein. En una ocasión afirmó que cuando analizaba los méritos de una teoría científica, en ocasiones se preguntaba si **Dios** habría diseñado las cosas de esa manera.

Resumen

Podría pensarse que el hombre que abordó los misterios del espacio y el tiempo no tuvo demasiado tiempo para dedicarlo a las incertidumbres de la religión. Nada más lejos de la realidad.

Temas relacionados

véase también
EL ACTIVISTA
página 54

❝ La ciencia sin religión está coja. La religión sin ciencia está ciega. ❞

Baruch Spinoza

Llegada a Estados Unidos

Emigración

Einstein salió de Alemania en 1932. En principio iba a pasar tres meses de vacaciones en Estados Unidos. Sin embargo, en el fondo sabía que nunca regresaría. El auge del sentimiento **antisemita** en el país empezó a plantear muchas dificultades, y la situación fue a peor con el aumento de la popularidad de Hitler entre el pueblo alemán (que responsabilizaba a los judíos de los problemas económicos que sufría). Hitler accedió al poder como canciller alemán en 1933. Poco más de un mes más tarde, Einstein supo que habían entrado en su apartamento de Berlín y que él estaba en la lista de Hitler de figuras judías pendientes de ser eliminadas. Aquel mismo año, Einstein visitó Zúrich una última vez y después se **refugió** en Bélgica e Inglaterra. Finalmente, buscó asilo permanente en **Estados Unidos.**

Princeton

Albert Einstein visitó **Princeton, Nueva Jersey** por primera vez durante su gira por Estados Unidos, en 1921, y se enamoró al instante del lugar (según él, «**joven y fresco**, como una pipa sin estrenar»). No sorprendió a nadie que Princeton fuese el rincón elegido por Albert y Elsa para establecer su nuevo hogar. De hecho, la casualidad también jugó a favor de esa elección. Einstein conoció al educador Abraham Flexner, embarcado en la creación de un nuevo centro de investigación en Princeton (el Instituto de Estudios Avanzados). Flexner buscaba talentos para su centro. Después de algunas negociaciones difíciles (por ejemplo, Einstein pidió un puesto para su ayudante, Walther Mayer, que era judío y también buscaba refugio), Einstein consiguió no sólo un **nuevo hogar**, sino también un trabajo.

La tierra de la libertad

La doctrina estadounidense de libertad de expresión, de pensamiento e individualismo encajó a la perfección con los **valores personales** de Einstein. Vivió en Princeton durante varios años, con un visado de inmigrante. El 22 de junio de 1940 pasó el examen para obtener la ciudadanía estadounidense. El 1 de octubre de aquel mismo año fue declarado **ciudadano estadounidense**. Sin embargo, no todos lo acogieron con los brazos abiertos. La Woman Patriot Corporation, de tendencias derechistas, escribió al Departamento de Estado advirtiendo de que las **teorías radicales** de Einstein serían perjudiciales para el estilo de vida estadounidense. La denuncia provocó la hilaridad de Einstein, lo que se añadió a la «defensa» de la corporación: «la poderosa Roma fue salvada en una ocasión por los graznidos de sus fieles ocas».

Resumen

A Einstein siempre le disgustó Alemania. Después del ascenso de Hitler al poder, en 1933, dejó el país y buscó asilo en Europa. Finalmente se estableció en Estados Unidos.

Temas relacionados
véanse también
FIGURA EMERGENTE
página 36
CIENCIAS POLÍTICAS
página 56

❝Los estadounidenses viven más por sus objetivos, por el futuro, que los europeos. La vida para ellos es siempre llegar a ser, no ser.❞

UNITED STATES OF AMERICA

DECLARATION OF INTENTION
(Invalid for all purposes seven years after the date hereof)

United States of America
District of New Jersey }ss:

In the .... District .... Court
of The United States at Trenton, N. J.

I, ... Dr. Albert Einstein
now residing at 112 Mercer St., Princeton Mercer N.J.
occupation Professor, aged 56 years, do declare on oath that my personal description is:
Sex Male, color White, complexion Fair, color of eyes Brown
color of hair Grey, height 5 feet 7 inches; weight 175 pounds; visible distinctive marks
none
race Hebrew; nationality German
I was born in Ulm Germany, on March 14 1879
I am married. The name of my wife is Elsa
we were married on April 6th 1917, at Berlin Germany; she or he was
born at Hechingey Germany, on January 18, 1877, entered the United States
at New York N.Y., on June 3, 1935, for permanent residence therein, and now
resides at With me. I have 2 children, and the name, date and place of birth,
and place of residence of each of said children are as follows: Albert born 5-14-1905 and
Eduard born 6-28-1910 both born and reside in Switzerland

I have not heretofore made a declaration of intention: Number .... on ....
at ....
my last foreign residence was Bermuda
I emigrated to the United States of America from Bermuda Great Britain
my lawful entry for permanent residence in the United States was at New York N.Y.
under the name of Albert Einstein
on the vessel SS Queen of Bermuda, on June 3, 1935

I will, before being admitted to citizenship, renounce forever all allegiance and fidelity to any foreign prince, potentate,
state, or sovereignty, and particularly, by name, to the prince, potentate, state, or sovereignty of which I may be at the time
of admission a citizen or subject; I am not an anarchist; I am not a polygamist nor a believer in the practice of polygamy; and
it is my intention in good faith to become a citizen of the United States of America and to reside permanently therein; and I
certify that the photograph affixed to the duplicate and triplicate hereof is a likeness of me: SO HELP ME GOD.

(The seal of the court will be impressed so as to
cover a portion of the photograph)

Albert Einstein

Subscribed and sworn to before me in the office of the Clerk of said Court,
at Trenton, N. J. this 15th day of January
anno Domini 1936. Certification No. 3-120742 from the Commissioner of Immigration and Naturalization showing the lawful entry of the
declarant for permanent residence on the date stated above, has been received
by me. The photograph affixed to the duplicate and triplicate hereof is a likeness of the declarant.

George T. Cranmer
[SEAL] Clerk of the U. S. District Court.
By ...., Deputy Clerk.

Form 2202-L-A
U. S. DEPARTMENT OF LABOR
IMMIGRATION AND NATURALIZATION SERVICE

No. 5773

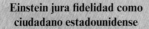

Einstein jura fidelidad como
ciudadano estadounidense

Universidad
de Princeton

Los años de guerra

Querido señor presidente

En 1933, un joven físico húngaro llamado **Leó Szilárd** concibió un proceso por el que los núcleos de los átomos podrían liberar energía (según la fórmula $E = mc^2$ de Einstein), así como partículas que después colisionarían con otros núcleos que también generarían energía. Seis años más tarde, en 1939, Szilárd se dio cuenta de que el fenómeno recién descubierto de la fisión del uranio podía desencadenar una «reacción nuclear en cadena», que serviría para construir una bomba de un poder inimaginable. Con la guerra al acecho, Szilárd contactó con Einstein (habían colaborado en el pasado) y le convenció para que utilizase su influencia con el fin de alertar al **presidente Roosevelt**. Einstein escribió una carta al presidente avisándole de que el acceso de Alemania al uranio le permitiría construir una «**bomba atómica**» y le instó a establecer contacto formal con los científicos nucleares estadounidenses.

El proyecto Manhattan

Los historiadores están de acuerdo en que la carta de Einstein a Roosevelt fue el principal motor del empeño de Estados Unidos en desarrollar la bomba atómica (el **proyecto Manhattan**). A pesar de ello, al propio Einstein (un socialista alemán) no se le consideró fiable y no se le invitó a participar. Sí lo hicieron numerosos judíos que habían huido de la Europa nazi (entre ellos Hans Bethe y Edward Teller); de hecho, fueron decisivos en el éxito del proyecto. Como el propio Einstein había predicho, la expulsión de científicos judíos por parte de Hitler precipitó la caída de las potencias del Eje. Einstein **contribuyó de manera indirecta** en la creación de la bomba, ya que trabajó desde Princeton en el desarrollo de una técnica que permitía separar diferentes isótopos de combustible de uranio radiactivo (núcleos de uranio con diferentes números de **neutrones**, lo que les confería propiedades nucleares distintas).

La venta del siglo

Aunque Einstein tuvo una implicación mínima en el proyecto Manhattan, sí contribuyó a los esfuerzos de guerra de Estados Unidos por otras vías. Por ejemplo, llevó a cabo un análisis matemático para descubrir el **patrón óptimo** de colocación de minas navales en los puertos japoneses. Posiblemente, la contribución más sorprendente e innovadora fue la de copiar a mano su trabajo de 1905 sobre la teoría especial de la relatividad y presentarla a **subasta** en Kansas City en 1944. Se vendió por nada menos que **6,5 millones de dólares**, donados en su totalidad a los fondos de guerra. Esa suma de dinero fue suficiente para comprar cientos de aviones de caza. El manuscrito se encuentra en la Biblioteca del Congreso de Estados Unidos.

Resumen
Einstein sembró la semilla del proyecto Manhattan, pero se le negó el permiso de seguridad para trabajar directamente en la bomba (algo que en realidad nunca había deseado).

Temas relacionados
véanse también
CONSECUENCIAS DE
LA TEORÍA ESPECIAL
página 78
ENERGÍA
página 114

❝ *La paz no puede mantenerse por la fuerza. Sólo puede lograrse mediante el entendimiento.* ❞

El presidente
Franklin D. Roosevelt

El activista

Sionismo

Durante las primeras décadas del siglo xx, Einstein simpatizó con la causa de los **judíos sionistas**, que propugnaba el establecimiento de una patria para el pueblo judío. El apoyo de Einstein llegó al punto de que su visita a Estados Unidos en 1921 fue en parte para aprovechar su **creciente popularidad** en favor de la recogida de fondos para la causa. Sin embargo, su entusiasmo por el movimiento acabó desvaneciéndose. La aversión de Einstein por los nacionalismos le llevó a cuestionarse si era buena idea convertir a los judíos en un pueblo **nacionalista** (y si le reportaría más problemas de los necesarios). También criticó el modo en que Gran Bretaña intervino en la creación del estado de Israel cuando finalmente se impuso en 1948.

Paz mundial

Einstein se describió en una ocasión como un **pacifista militante** (dispuesto a luchar por la paz). De hecho, incluso animó a los jóvenes a desafiar las leyes de sus países y objetar del servicio militar: «Nunca se pondrá fin a la guerra a menos que el pueblo se niegue a ir a la misma». Esa visión perdió parte de su radicalismo a medida que fue pasando el tiempo, ya que fue dándose cuenta de que la acción militar era la única manera de detener a Adolf Hitler. Pero nunca la perdió del todo. Después del lanzamiento de bombas atómicas sobre Japón, al final de la guerra, Einstein lamentó haber escrito la carta a Roosevelt que condujo a la creación de la **bomba atómica** en Estados Unidos. Afirmó que lo hizo por miedo a que los alemanes desarrollasen primero una bomba operativa. Einstein dedicó gran parte de sus últimos años al **movimiento pacifista**; por ejemplo, fundó el Comité de Emergencia de Científicos Atómicos para defender el control de las armas nucleares.

Tolerancia racial

Einstein creía con pasión que la desaparición de las barreras nacionales (y la creación de un **único gobierno mundial**) era el único camino posible para lograr una paz global duradera. Esa idea, sumada a sus propias experiencias de antisemitismo, desarrolló en Einstein la firme creencia en la igualdad de todas las razas. Durante su estancia en Princeton se convirtió en un feroz **crítico de la discriminación racial** en Estados Unidos. Por ello, se adhirió a la Asociación Nacional para el Progreso de las Personas de Color (NAACP) e hizo campaña en favor de las libertades civiles de los afroamericanos. Para Einstein, el racismo era «la peor enfermedad de Estados Unidos».

Resumen

Einstein fue un apasionado objetor del poder de la coacción durante toda su vida. Por ejemplo, animó a los que se evadían del servicio militar en Europa a luchar contra el racismo en la América de los años cincuenta.

Temas relacionados
véanse también
LOS AÑOS DE GUERRA
página 52
LEGADO CULTURAL
página 148

❝ *Nunca hagas nada que vaya en contra de tu conciencia aunque el Estado te lo exija.* ❞

USSISCHKIN - WE... ...IN WIFE - MOSSESSOHN

Einstein y su mujer
con algunos defensores
del sionismo a bordo del
SS Rotterdam

Ciencias políticas

Socialdemócrata

El sentido de la justicia de Einstein y su rechazo hacia la división de clases se manifestaron en unas tendencias políticas claramente **de izquierdas**, pero no tenía tiempo para dedicarlo al autoritarismo de estilo soviético. El socialismo de Einstein estaba teñido de respeto por la libertad personal y de expresión, y por el individualismo: era **socialdemócrata**. Esas ideas latentes se gestaron en la mente de Einstein gracias a sus conversaciones con Jost Winteler, el cabeza de la familia con la que convivió durante su etapa en la escuela de Aarau (antes de entrar en la Escuela Politécnica de Zúrich), y le acompañaron de por vida. A pesar de todo, Einstein creía que establecer la **paz mundial** era más importante que el modelo político concreto de cada nación. Además, rechazó la lealtad a todo partido político, ya que pensaba que era un síntoma de pereza mental.

El presidente Einstein

En 1952, Einstein tuvo la oportunidad de poner en práctica sus ideales políticos. Tras la muerte de Chaim Weizmann, el primer presidente de Israel, ese mismo año, el primer ministro del país, **David Ben-Gurion**, cedió a la presión pública y pidió a Einstein que considerase la posibilidad de ocupar el cargo. Einstein lo rechazó afirmando que no poseía ni la capacidad de liderazgo, ni el tacto necesario para mandar. Además, un cargo así entraba en claro conflicto con los instintos rebeldes de Einstein, que declaró que era **científico**, no político: «La política es para el presente, mientras que nuestras ecuaciones son para la eternidad». Seguramente, Ben-Gurion se sintió muy aliviado al escuchar esas palabras.

El temor rojo

Después de la segunda guerra mundial, en Estados Unidos creció el temor hacia la amenaza del **comunismo**. La rivalidad entre Estados Unidos y la Unión Soviética llevó a la división de la Alemania de posguerra en dos estados, oriental y occidental. Mientras tanto, la Unión Soviética desarrolló su propia potencia nuclear y varios oficiales estadounidenses confesaron ser espías soviéticos. La consecuencia fue la caza de brujas liderada por **Joseph McCarthy**, el senador de Wisconsin. Numerosos socialistas e intelectuales fueron delatados e investigados por sus posibles conexiones con el comunismo, entre ellos Einstein. De hecho, el FBI integró un dosier sobre el científico que se remontaba a 1932. Einstein fue muy crítico con el **temor rojo**. Afirmó que un ataque contra las libertades civiles en interés de la «seguridad» era tan peligroso como el propio comunismo.

Resumen

Tratándose de un científico, Einstein fue muy claro en sus manifestaciones políticas. A principios de la década de 1950, sus posiciones radicales llevaron al inquisitivo McCarthy a tildarlo de traidor y de espía.

Temas relacionados
véanse también
SUIZA
página 26
EL ACTIVISTA
página 54

❝ *La única salvación para la civilización y la raza humana radica en la creación de un gobierno mundial.* **❞**

Gran Sello de
Estados Unidos

Joseph McCarthy

«Es hora de irse»

Adiós, Albert

Einstein padeció problemas estomacales durante casi toda su vida. En 1948 sufrió un dolor abdominal agudo y tuvo que ser ingresado en un hospital. Los médicos le diagnosticaron un **aneurisma de la aorta** (inflamación de la arteria que transporta sangre al abdomen). Le advirtieron de que un día esa arteria reventaría y que probablemente, moriría. Fue lo que ocurrió siete años más tarde. Einstein se desmayó y lo trasladaron de urgencia al hospital. Los médicos se ofrecieron a operarle, pero él sabía que las posibilidades de éxito eran mínimas y rechazó la operación con estas palabras: «Ya he hecho mi parte, **es hora de irse**. Lo haré con elegancia». Albert Einstein murió en el hospital poco después de las 13.00 horas del 18 de abril de 1955. Junto a su cama quedaron el borrador de un discurso que iba a pronunciar el día de la independencia de Israel y un cálculo sin terminar sobre la teoría de campo unificado. La ciencia y el humanismo fueron sus principales intereses hasta su último suspiro.

Incineración

Cuando aparecieron los periódicos anunciando la muerte de Einstein, su cuerpo ya había sido incinerado. Siguiendo las instrucciones específicas del científico, fue una pequeña ceremonia sólo para la familia y los amigos. Se llevó a cabo la misma tarde de su muerte. Sus cenizas fueron lanzadas poco después al **río Delaware**. Antes de que el cuerpo de Einstein descansase para siempre, se llevó a cabo la rutina posmorten. Sin embargo, en un **giro inesperado**, el patólogo Thomas Harvey retiró el cerebro del científico (sin el consentimiento de su familia). Harvey se defendió más tarde afirmando que lo había hecho en interés de la ciencia y que Einstein lo habría aprobado.

¿Qué hay en un cerebro?

Harvey diseccó el cerebro de Einstein y preparó muestras para microscopio y fotografías que envió a investigadores del cerebro, aunque apenas se hicieron públicos los resultados. Como si ese **acto macabro** no hubiera sido suficiente, parece ser que Harvey tuvo el cerebro consigo durante 43 años, hasta que finalmente lo devolvió al hospital. De los pocos estudios científicos que se llevaron a cabo sobre las muestras que tomó Harvey, uno de los más destacables fue el de los neurocientíficos de la universidad canadiense de McMaster. Descubrieron que Einstein tenía un surco más corto de lo normal en el **lóbulo parietal** (un rasgo que, según se cree, está relacionado con la **capacidad matemática**). Esta información parece una recompensa insignificante a cambio de profanar los restos de uno de los científicos más importantes de todos los tiempos.

Resumen

Uno de los físicos más importantes de todos los tiempos acaba sus días en un hospital de Princeton, a los 76 años, rodeado no de su familia y sus amigos, sino de matemáticas.

Temas relacionados
véanse también
CIENCIAS POLÍTICAS
página 56
TEORÍA DEL CAMPO UNIFICADO
página 100

❝ El miedo a la muerte es el más injustificado de todos los miedos. ❞

Despacho de Einstein en la
Universidad de Princeton, 1955

Cronología

1879
Albert Einstein nace en la ciudad alemana de Ulm. Sus padres son Hermann y Pauline. Su hermana, Maja, nace dos años más tarde.

1894
Einstein se traslada a Suiza con el fin de prepararse para estudiar matemáticas y física en la Universidad Politécnica de Zúrich, y para evitar el servicio nacional en el ejército alemán.

1895
Un paseo en bicicleta inspira uno de los experimentos más conocidos de Einstein: se pregunta cómo sería desplazarse en un rayo de luz.

1902
Incapaz de conseguir un trabajo académico, Einstein ocupa un puesto en la oficina suiza de patentes, en Berna. Continúa con sus investigaciones científicas en su tiempo libre.

1904
Tras casarse con Mileva Maric en 1902, nace Hans Albert. Seis años más tarde nace Eduard.

1914
El creciente renombre de Einstein le da acceso a un puesto de profesor en la prestigiosa Universidad de Berlín.

1921
Después del éxito de la teoría general de la relatividad, Einstein se embarca en una gira para dar conferencias por Estados Unidos.

1922

Einstein recibe el premio Nobel de Física de 1921 (retrospectivo) por su explicación del efecto fotoeléctrico, no por su teoría de la relatividad.

1931

Einstein deja Alemania para realizar otra gira de tres meses por Estados Unidos. Sin embargo, la llegada de Hitler al poder y las raíces judías de Einstein hacen que no regrese nunca más.

1939

Einstein y el físico húngaro Leó Szilárd se dan cuenta del potencial de la fisión nuclear para crear la bomba atómica. Einstein escribe una carta al presidente Roosevelt para advertirle.

1940

Después de obtener la residencia permanente en Estados Unidos, en 1933, tras huir de la Alemania nazi, Einstein se convierte en ciudadano estadounidense.

1955

Einstein muere a los 76 años en el hospital de Princeton como consecuencia de un aneurisma de la aorta.

1999

La revista *Time* convierte a Einstein en personaje del siglo por delante de la Madre Teresa y de Mahatma Gandhi.

Glosario

Academia Olympia Grupo de debate científico formado por Einstein y sus amigos Maurice Solovine y Conrad Habicht en Berna.

Antisemitismo Odio racial hacia los judíos. Se extendió por toda Europa durante la gestación de la segunda guerra mundial.

Año milagroso En 1905, la publicación de cuatro trabajos fundamentales (la teoría especial, $E = mc^2$, el efecto fotoeléctrico y el movimiento browniano) dio a conocer la faceta de físico de Einstein.

Arthur Eddington Astrónomo y astrofísico británico que confirmó en 1919 la teoría general de la relatividad de Einstein midiendo la desviación de la luz cerca del Sol.

Ateo Persona que rechaza la existencia de cualquier forma de divinidad y la religión.

Dios de Spinoza Deidad concebida por el filósofo holandés Baruch Spinoza. Se manifiesta en la armonía del mundo natural.

Eduard Einstein Segundo hijo de Albert Einstein. Nació en 1910 y pasó gran parte de su vida en una institución debido a su esquizofrenia. Murió de un infarto en 1955.

Elsa Einstein Segunda esposa de Albert Einstein (de nombre **Elsa Lowenthal** (antes de su matrimonio con Einstein), que además era prima suya. Se casaron en 1919, el mismo año del divorcio de Mileva Maric. Elsa murió en 1936.

Escuela Politécnica de Zúrich
Institución en la que Einstein llevó a cabo sus estudios universitarios. Actualmente es el Instituto Tecnológico Federal Suizo Zúrich.

Hans Albert Einstein Primer hijo de Albert Einstein. Nació en 1904 y fue profesor de Ingeniería en la Universidad de California. Murió en 1973.

Hermann Minkowski Tutor de matemáticas de Einstein en la Escuela Politécnica de Zúrich, conocido por definir a su alumno como «perro perezoso».

IAS Instituto de Estudios Avanzados de Princeton (Nueva Jersey), donde Einstein trabajó después de huir del nazismo en Europa.

Lieserl Einstein Hija ilegítima de Einstein y Mileva Maric. Nació en 1902 y no se conocen detalles de su vida.

Lóbulo parietal Zona del cerebro situada en la parte posterosuperior. Se cree que es la zona del razonamiento numérico y de la conciencia espacial.

Macartismo El senador Joseph McCarthy intentó erradicar el comunismo en Estados Unidos. Einstein fue investigado por su pacifismo y sus ideas socialistas.

Luitpold Gymnasium Instituto de Múnich al que asistió Einstein entre 1888 y 1895.

Maja Einstein Hermana de Einstein. Nació en 1881. Mantuvieron una relación muy estrecha. A Albert le afectó profundamente su muerte, en 1951.

Max Talmud Amigo de la familia Einstein que alimentó el interés del joven genio por la ciencia gracias a los libros que le prestó.

Mileva Maric Primera mujer de Einstein. Se conocieron mientras estudiaban en la Escuela Politécnica de Zúrich. Se casaron en 1903 y se divorciaron en 1919. Mileva murió en 1948.

Pacifismo Rechazo a utilizar armas y a participar o apoyar actos de violencia y hostilidades en tiempos de guerra.

Proyecto Manhattan Proyecto dentro del marco de la segunda guerra mundial para construir la bomba atómica en Estados Unidos. Culminó con la destrucción de Hiroshima y Nagasaki.

Sionismo Movimiento para la creación de una patria judía (Israel), establecida formalmente en 1948.

Einstein
USA 15c

Capítulo 2

Teorías

Estructura de la materia

La capilaridad

El primer trabajo de investigación de Einstein se publicó en marzo de 1901, en la revista *Annalen der Physik* (*Anales de Física*). Trataba sobre el efecto conocido como **capilaridad**. Si se introduce un tubo delgado verticalmente en un vaso con agua, ésta asciende por el tubo. Einstein intentó explicar el efecto en términos de fuerzas entre las moléculas del agua, de forma similar a la **ley de la gravedad de Newton**. Sin embargo, la teoría de Einstein estaba equivocada. Aunque la capilaridad está provocada por las fuerzas entre las moléculas (del líquido y de las paredes del tubo), la forma matemática de la fuerza es muy distinta a la que describió la teoría gravitatoria de Newton. No obstante, el trabajo significó que Einstein ya era un **físico publicado.**

El tamaño de las moléculas

En julio de 1905, Einstein entregó su tesis doctoral en la Universidad de Zúrich, con un cálculo cuidado del tamaño de las moléculas. Las moléculas están constituidas por la unión de átomos. Por ejemplo, cada molécula de agua se forma uniendo dos átomos de **hidrógeno** con uno de **oxígeno**. Einstein formuló ecuaciones matemáticas para crear un modelo de la viscosidad de una solución de agua y azúcar. A continuación, con los datos obtenidos de manera experimental, resolvió las ecuaciones y descubrió que un volumen de 22,4 litros a 20 ºC y una presión atmosférica estándar contiene $2,1 \times 10^{23}$ moléculas (una cifra enorme, un 21 seguido de 22 ceros). En la actualidad, el valor aceptado de esa cifra (conocida como **constante de Avogadro**) es de $6,022 \times 10^{23}$. A partir de ahí, Einstein pudo deducir el tamaño de cada molécula individual.

Vibraciones cuánticas

En 1906, Einstein creó una teoría de la materia sólida que tomaba en consideración la nueva física de la **mecánica cuántica**. Ésta afirma que la energía sólo puede existir en fragmentos discretos indivisibles. La teoría de Einstein modeló la materia como un **entramado tridimensional de átomos o moléculas** unidos mediante muelles (en realidad no son muelles; sólo era la manera que tenía Einstein de visualizar las fuerzas). A continuación, pensó que, debido a las leyes cuánticas, los muelles sólo pueden vibrar a unas frecuencias determinadas. Su teoría predijo que a bajas temperaturas, las vibraciones de los átomos deberían cesar por completo, lo que explicaría algunas **propiedades anómalas de los sólidos** a baja temperatura que habían desconcertado a los físicos experimentales durante algún tiempo.

Resumen
Einstein empieza su carrera científica desvelando las propiedades de la materia. Ninguna universidad le dio trabajo, por lo que se vio obligado a llevar a cabo su investigación en su tiempo libre.

Temas relacionados
véanse también
MECÁNICA ESTADÍSTICA
página 94
EL MUNDO CUÁNTICO
página 96

« *La ciencia es algo maravilloso si uno no tiene que ganarse la vida con ella.* **»**

Moléculas

Sir Isaac Newton

SIR ISAAC NEWTON

La naturaleza de la luz

La dualidad onda-partícula

En 1905, Einstein publicó cuatro trabajos **revolucionarios**, motivo por el que ése pasó a ser su «año milagroso». Uno de los trabajos incluía la explicación del efecto fotoeléctrico: la luz que incide en determinados metales hace que éstos desprendan electrones. La explicación de Einstein invocó una idea planteada en 1900 por el físico alemán **Max Planck** según la cual la luz se emite en cantidades discretas. Planck introdujo la idea como una herramienta para ayudar a entender la interacción de la radiación con la materia. Nada más. Pero Einstein lo tomó al pie de la letra y argumentó que las ondas de luz se componen de partículas. Planck, y muchos otros físicos, rechazaban esa idea, pero resultó ser correcta. El físico británico Arthur Compton observó **partículas de luz** de manera experimental en 1923, y más tarde las llamó «fotones».

Emisión estimulada

Las teorías de Einstein son la base del funcionamiento de los láseres modernos. Éstos funcionan según un principio conocido como «emisión estimulada», desarrollado por Einstein en 1917. Partió de una nueva **teoría del átomo** planteada por su colega, el físico danés **Niels Bohr**. Según la teoría de Bohr, los electrones orbitan en torno al núcleo del átomo en una serie de niveles, cada uno de los cuales corresponde a diferentes energías. Cuando el átomo absorbe un fotón de luz, aumenta el nivel de energía de un electrón. Y ocurre lo contrario cada vez que se libera un fotón. Einstein intentó utilizar el modelo de Bohr para derivar la **teoría de la radiación** de Planck (1900), pero descubrió que sólo podía hacerlo si los fotones emitidos por un átomo son capaces de hacer que otros átomos desencadenen la emisión de fotones idénticos. Eso es la emisión estimulada.

La ley de Stark-Einstein

La **ley de Stark-Einstein** fue deducida de manera independiente por Einstein y por el físico alemán Johannes Stark a principios del siglo xx. En esencia, afirma que la radiación provoca cambios físicos y químicos en la materia, y que cada fotón de radiación puede afectar como máximo a un átomo o molécula de materia. En otras palabras, para provocar un cambio en una muestra de N átomos de una sustancia utilizando radiación es preciso bombardearla con al menos N fotones. Por eso se conoce en ocasiones como **ley de fotoequivalencia.** En honor a la contribución de Einstein se puso su nombre a una unidad de densidad de flujo de fotones utilizada en fotoquímica. Un einstein es el número de fotones igual a la constante de Avogadro.

Resumen
El pensamiento radical de Einstein echa por tierra las ideas sobre la luz y la radiación. Irónicamente, los descubrimientos de Einstein sentaron las bases de la teoría cuántica, que más tarde detestó.

Temas relacionados
véanse también
ESTRUCTURA DE LA MATERIA
página 66
ELECTROMAGNETISMO
página 72

❝ *Cuando un rayo de luz se propaga desde un punto, la energía [...] consiste en un número finito de cuantos de energía que se localizan en puntos en el espacio y que pueden ser producidos y absorbidos sólo como unidades completas.* ❞

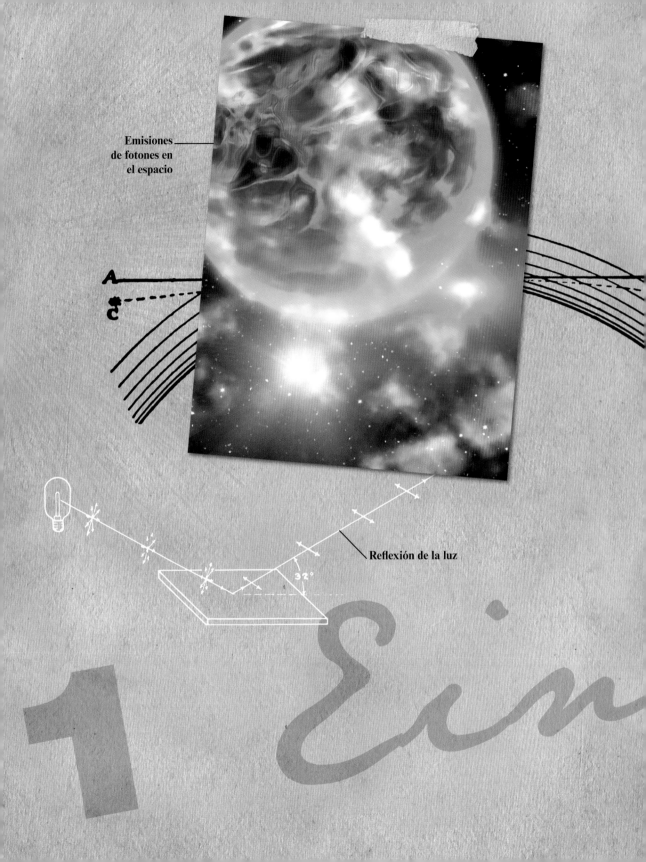

Emisiones
de fotones en
el espacio

A

C

Reflexión de la luz

32°

1 Ein

Termodinámica

La relación de Einstein

La termodinámica es el estudio del calor y de su movimiento e interacción con la materia. Una de las primeras contribuciones de Einstein a este campo surgió durante su investigación sobre el **movimiento browniano**, en 1905. Afirma que si una partícula de polvo se difunde aleatoriamente en el aire, la distancia que puede recorrer desde el punto de partida como resultado de las **colisiones con los átomos** del aire, al azar y en todas direcciones, puede determinarse mediante una sencilla ecuación matemática: la **relación de Einstein**. La ecuación incluye la temperatura del aire, el tamaño de las partículas y el rozamiento que actúa sobre ellas cuando se mueven por el aire.

Opalescencia crítica

En 1910, Einstein desarrolló una teoría de un fenómeno llamado «opalescencia crítica». Algunas mezclas líquidas adquieren un aspecto lechoso de forma repentina cuando pasan de cierta temperatura. Un ejemplo conocido es el de los desinfectantes domésticos a base de fenol, que se enturbian cuando se mezclan con agua. La teoría de Einstein atribuye el efecto a las fluctuaciones en la concentración de la mezcla, que a su vez provocan fluctuaciones en el **índice de refracción** (que determina la magnitud de la **desviación de los rayos de luz** que lo atraviesan). Einstein utilizó los principios de la termodinámica para demostrar que por encima de una temperatura crítica (que depende de la composición y la concentración de la mezcla) esas fluctuaciones aumentan y esparcen la luz blanca al azar, en todas las direcciones, de manera que el líquido parece blanco.

El frigorífico Einstein

Albert Einstein colaboró en dos ocasiones con el físico húngaro **Leó Szilárd**. La segunda vez fue cuando escribieron al presidente Roosevelt, en vísperas de la segunda guerra mundial, para alertarle del poder potencialmente devastador de las reacciones nucleares en cadena, y de que Alemania podría intentar fabricar una **bomba atómica**. La primera colaboración consistió en la fabricación de un frigorífico. Su diseño (que pasó a ser conocido simplemente como «frigorífico Einstein», una injusticia para Szilárd) no tenía partes móviles. Funcionaba únicamente con el flujo de gases a presión y no requería electricidad, sólo una fuente de calor. El aparato obtuvo una **patente estadounidense** en 1930, pero pronto se vio superado por frigoríficos más modernos, con compresor, y más eficaces. En 2008, sin embargo, se informó de que científicos de la Universidad de Oxford estaban desarrollando la idea para utilizarla en zonas del mundo donde no se dispone de electricidad.

Resumen

Einstein demuestra ser el maestro de la ciencia del calor averiguando por qué los líquidos se enturbian. Inventa (en colaboración) un frigorífico que no necesita electricidad.

Temas relacionados
véanse también
LOS AÑOS DE GUERRA
página 52
MECÁNICA ESTADÍSTICA
página 94

❝ La termodinámica clásica [...] es la única teoría física de contenido universal que nunca desaparecerá. Estoy convencido. ❞

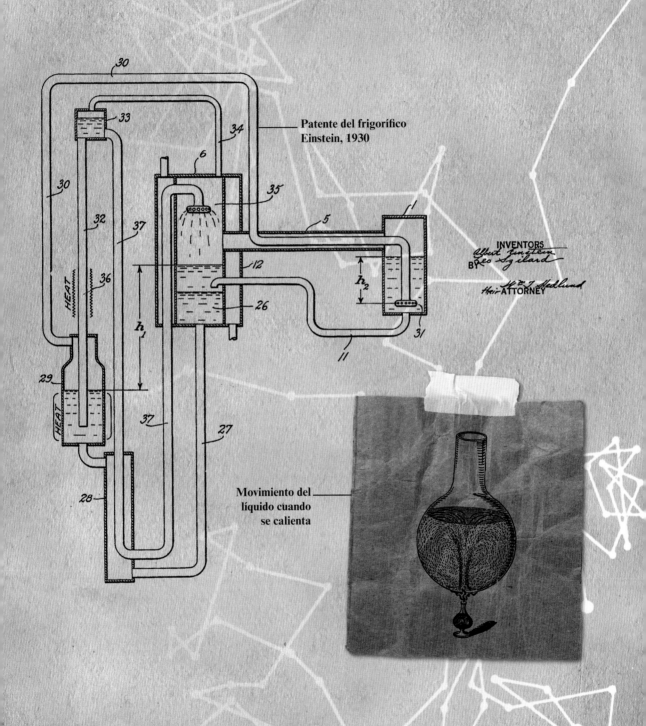

**Patente del frigorífico
Einstein, 1930**

INVENTORS
Albert Einstein
BY Leo Szilard

Wm. J. Hedlund
Heir ATTORNEY

**Movimiento del
líquido cuando
se calienta**

Electromagnetismo

El efecto fotoeléctrico

Si proyectamos una luz sobre un mental, se desprenden electrones. Ese es el efecto fotoeléctrico. Lo observó por primera vez el físico alemán **Heinrich Hertz** en 1887. Sin embargo, Hertz observó que por debajo de una determinada frecuencia umbral o de corte (correspondiente a la luz ultravioleta) no se emitían electrones. La explicación del motivo puso a prueba a los cerebros científicos más brillantes. Einstein proporcionó la respuesta en 1905 recurriendo a una idea planteada cinco años antes por su colega Max Planck. Supuso que la luz aparece en forma de paquetes discretos llamados **cuantos**; la energía de cada uno es proporcional a la **frecuencia de la luz**. Einstein se dio cuenta de que los electrones se emiten a causa de las colisiones con los cuantos de luz, y que eso sólo puede ocurrir si la energía de cada uno es suficiente para superar las fuerzas que mantienen a los electrones en su lugar. En el modelo de Planck de la luz, eso sólo es posible cuando la frecuencia es lo suficientemente alta.

El efecto Einstein-de Haas

En 1915, el año en que se publicó la teoría general de la relatividad, Einstein trabajó con el físico holandés **Wander Johannes de Haas** para averiguar la conexión entre el campo magnético de un conductor y el **espín cuántico** de los electrones de su interior. Descubrieron que cuando un material magnético como el hierro se suspende dentro de una **bobina conductora**, el campo magnético creado por la bobina provoca la rotación del material. La ley de conservación del momento angular afirma que la rotación no puede ser creada ni destruida, y que por tanto la rotación del material debe equilibrarse con una rotación igual, pero opuesta, en su interior. Einstein y De Haas lo interpretaron (corectamente) como el espín de los **electrones**, alineados por el campo en la misma dirección.

Superconductividad

En 1911, el físico holandés **Heike Kamerlingh Onnes** descubrió que cuando algunos metales se enfrían hasta casi el cero absoluto (-273 ºC), su resistencia eléctrica desciende bruscamente a cero. Onnes demostró el fenómeno, que llamó **superconductividad**, utilizando mercurio enfriado a -269 ºC. En 1922, Einstein publicó un estudio teórico sobre el efecto. En él sugirió que la corriente se transporta en cadenas de moléculas llamadas **cadenas de conducción**. Especuló con la idea de que la superconductividad sólo se ve a baja temperatura porque el calor destruye esas cadenas. Sin embargo, en esa ocasión se equivocó. La física necesaria para explicar el fenómeno todavía no se había inventado, y la teoría correcta de la superconductividad no llegó hasta 1957.

Resumen
Einstein estudia cómo se pueden generar electrones con la luz e intenta profundizar en la naturaleza de los superconductores. Mientras tanto, confirma las sospechas de que la luz está cuantizada.

Temas relacionados
véanse también
OTROS PREMIOS
página 42
CONSECUENCIAS DE LA TEORÍA ESPECIAL
página 78

‹‹ *He descubierto de manera muy sencilla la relación entre el tamaño de los cuantos elementales de la materia y las longitudes de onda de la radiación.* **››**

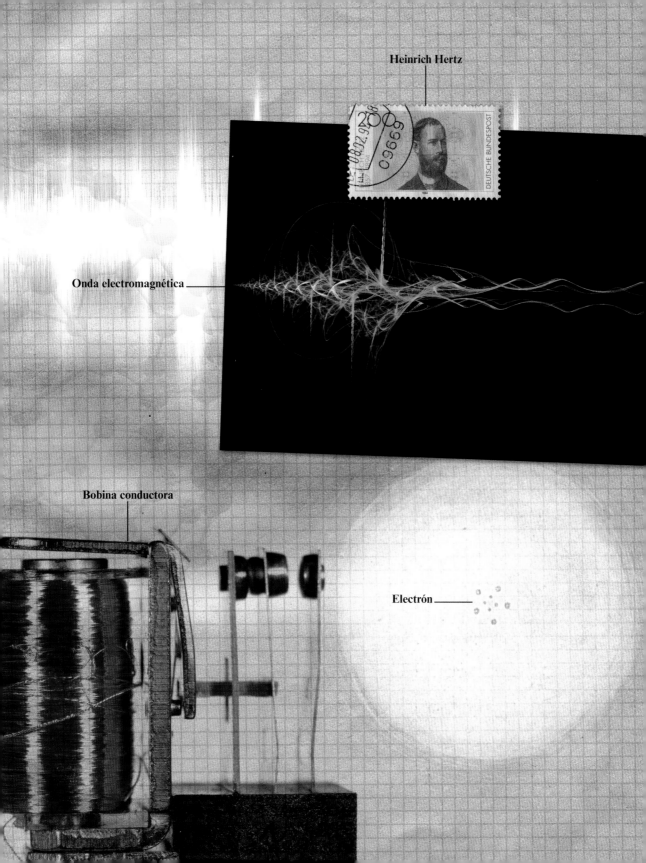

Heinrich Hertz

Onda electromagnética

Bobina conductora

Electrón

Fundamentos de la teoría especial

El éter

En el siglo XIX los físicos creían que las ondas de luz se propagaban en un medio presente en todo el espacio, conocido como «éter» (como las ondas sobre la superficie de un estanque). En 1887, los físicos americanos **Albert Michelson** y **Edward Morley** llevaron a cabo un experimento para intentar detectar el movimiento de la Tierra en relación con el éter en su **órbita alrededor del Sol**, y no encontraron nada. Eso impulsó a **Hendrik Lorentz**, físico teórico holandés, a plantear una teoría que explicase el resultado nulo si los objetos se encogen físicamente cuando se mueven. Einstein afirmó que, si la teoría de Lorentz fuese correcta, el encogimiento sería independiente de las propiedades mecánicas de los objetos y que, en cambio, debería ser una característica fundamental del espacio y el tiempo.

El principio de la relatividad

Había otra razón por la que a Einstein no le gustaba el éter. Si existía esa sustancia nebulosa a través de la cual se movía la luz, entonces definiría un sistema de referencia preferente en el universo. Dos siglos antes, **Isaac Newton** había apoyado ese sistema de referencia preferente, un concepto que llamó **espacio absoluto**. Pero Einstein odiaba esa idea y creía que todos los sistemas de referencia del universo eran igualmente válidos, y que cualquier teoría física tenía que adoptar esa noción: la que llamó **principio de relatividad.**

La velocidad de la luz

En términos generales, existe un movimiento relativo entre dos objetos en movimiento. Así, por ejemplo, si dos vehículos se dirigen uno hacia el otro, ambos a 97 km/h, el conductor de cada uno verá al otro aproximándose a una velocidad relativa de 194 km/h. Podría esperarse que la misma lógica se aplique a los rayos de luz (si pudiésemos avanzar sobre un rayo de luz, otro que viniese en la dirección contraria viajaría al **doble de velocidad** relativa a nosotros). Pero había un problema. En 1861, el físico escocés James Clerk Maxwell planteó su revolucionaria teoría del electromagnetismo. Predijo que la velocidad de la luz es una constante fundamental de la naturaleza. Si los rayos de luz obedeciesen las **leyes del movimiento relativo**, ese hecho chocaría con el principio de la relatividad: ¿cómo podría ser constante la velocidad de la luz pero variar en relación con el movimiento de un observador? La solución de Einstein consistió en postular que la luz viaja a la misma velocidad en todos los sistemas de referencia. Esta gran lucidez le llevó directamente a la **teoría especial de la relatividad** en 1905.

Resumen

A punto de entrar en el siglo XX, algo no iba bien en el campo de la física. Las leyes de la mecánica y el electromagnetismo no encajaban. Einstein tenía muy claro el motivo.

Temas relacionados

véanse también
TEORÍA ESPECIAL
DE LA RELATIVIDAD
página 76
FUNDAMENTOS
DE LA TEORÍA GENERAL
página 80

❝ No existe una manera lógica de descubrir esas leyes elementales. Sólo está el camino de la intuición... ❞

Ápax del trayecto
de la Tierra

Dirección del movimiento de la
Tierra y de longitud creciente

Amanecer

Sol

Tierra

Ocaso

Antápex

**Albert
Michelson**

Teoría especial de la relatividad

Tiempo y espacio

Einstein puso fin a las discrepancias entre la teoría electromagnética de Maxwell y las **leyes del movimiento relativo** con su teoría especial de la relatividad. Lo básico de la misma es un conjunto de ecuaciones que relacionan las propiedades de los objetos medidas en sistemas de referencia que se mueven a velocidades diferentes. Si éstas son bajas, las ecuaciones se reducen a las leyes habituales del sentido común; por ejemplo, las velocidades de dos móviles en movimiento uno contra otro se suman. Pero a velocidades altas, las leyes de Einstein cambian. Predicen la contracción de Lorentz: los objetos a gran velocidad se acortan en la dirección del movimiento. Otro efecto es la **dilatación del tiempo**: un reloj en movimiento se retrasa en relación a uno estacionario, es decir, lo que se mueve rápidamente envejece más lentamente que lo que está parado. Un astronauta que viaja un año al 99 % de la **velocidad de la luz** volvería a una Tierra en la que ya habrían pasado siete años.

Simultaneidad

La **relatividad** significa que dos hechos simultáneos en el sistema de referencia de una persona no necesariamente son simultáneos en el sistema de referencia de otra persona que se mueve de otro modo. Imagine una bombilla en el centro de un vagón de tren en movimiento. Un observador dentro del vagón enciende la luz y comprueba que ilumina ambos extremos del espacio **simultáneamente**. Pero un observador que se encuentre en un andén y vea pasar el tren verá que la luz incide primero en la parte posterior del vagón. Según la teoría de Einstein, en relación con el observador estacionario la **luz tiene la misma velocidad** a pesar del movimiento del tren. Y así ve la parte posterior del vagón moviéndose hacia la luz, mientras que la parte delantera se aleja de ella, razón por la que incide primero en la parte posterior.

La cuarta dimensión

La teoría especial de la relatividad revolucionó el mundo de la física, pero lo más **radical** fue el tratamiento del tiempo. Antes de la teoría de Einstein, los físicos consideraban que las **tres dimensiones del espacio** y la del tiempo eran entidades muy distintas. La relatividad las unió, y el tiempo pasó a ser la cuarta dimensión de un **tejido unificado** que los físicos llaman **espacio-tiempo**. Irónicamente, gran parte del trabajo en el campo de la física del espacio-tiempo fue realizado por el matemático alemán Hermann Minkowski. Fue tutor de matemáticas de Einstein en la Escuela Politécnica de Zúrich, el mismo que definió al poco motivado alumno como «perro perezoso».

Resumen

Albert Einstein reescribe de un plumazo el libro de la mecánica clásica (que costó siglos de trabajo a intelectuales de la talla de Newton y Galileo).

Temas relacionados
véanse también
LA ESCUELA POLITÉCNICA DE ZÚRICH
página 28
FUNDAMENTOS DE LA TEORÍA ESPECIAL
página 74

❝ Cuanto más rápido vas, más bajo eres. ❞

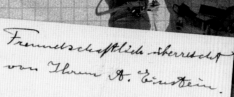

Freundschaftlich überreicht von Ihrem A. Einstein.

Über die spezielle und die allgemeine Relativitätstheorie

(Gemeinverständlich)

Von

A. EINSTEIN

Mit 3 Figuren

Dieses Exemplar ist das erste, welches die Druckpresse verlassen hat. Es wurde mir von Herrn Prof. Einstein zugeschickt, unmittelbar nachdem er es empfangen hatte, kurz bevor ich nach Frankreich ins Feld ging.

Hans Mühsam.

Berlin / 12.4. Französische Front. April 1917.

Braunschweig

Druck und Verlag von Friedr. Vieweg & Sohn

1917

Consecuencias de la teoría especial

Límite de la velocidad cósmica

La teoría especial de la relatividad descarta la posibilidad del movimiento a mayor velocidad que la de la luz. La teoría afirma que si existiese ese viaje «**superlumínico**», sería posible invertir el orden de causa y efecto, provocando así **situaciones paradójicas** en las que los resultados pueden ocurrir antes que los hechos que los provocan. Esta restricción universal de la velocidad se manifiesta haciendo que cada vez resulte más difícil que los objetos aceleren a medida que se aproximan a la velocidad de la luz. Cuanto más rápido se va, más energía se necesita para acelerar hasta que, a la velocidad de la luz, la energía necesaria pasa a ser **infinita**.

$E = mc^2$

Probablemente la ecuación más conocida en todo el ámbito de la física, $E = mc^2$ deriva directamente de las matemáticas de la teoría especial. Se trata de una relación entre la **energía** (E), la **masa** (m) y la **velocidad de la luz** (c), y en esencia afirma que la masa y la energía son equivalentes. Si medimos la masa inicial de un pedazo de **carbón** y después medimos la masa de la ceniza y el humo una vez que ha ardido, descubrimos que la masa final es menor que la inicial (la diferencia en masa multiplicada por c^2 nos da la energía total liberada durante la combustión). Einstein consideró que $E = mc^2$ era tan importante que le dedicó un artículo científico completo. Y tenía razón: más tarde se convertiría en una pieza clave de la **teoría de la energía nuclear**.

Espín cuántico

Las partículas subatómicas poseen una propiedad que los físicos denominan «espín cuántico». Es bastante distinta a la «rotación» a la que estamos acostumbrados en el mundo cotidiano, que es una propiedad del movimiento (como la velocidad y la aceleración). El espín cuántico es una propiedad fundamental de las partículas, más próxima a la masa y la carga eléctrica. En 1924, el físico austríaco **Wolfgang Pauli** propuso una descripción matemática del espín cuántico. Aunque pareció funcionar, ni siquiera él sabía exactamente cuál era la base física de su teoría. La aportó tres años más tarde el físico teórico británico Paul Dirac, que dedujo las ecuaciones del espín cuántico de Pauli aplicando la teoría especial de la relatividad a las leyes de la **teoría cuántica** (la física que gobierna el comportamiento del mundo subatómico). La teoría de Einstein empezó a estar presente en los campos más inesperados.

Resumen

La teoría especial de la relatividad, desarrollada inicialmente para explicar el movimiento relativo entre dos cuerpos en movimiento, cambia por completo el mundo de la física teórica.

Temas relacionados
véanse también
ENERGÍA
página 114
MÁS RÁPIDO QUE LA LUZ
página 128

‹‹ *De la teoría especial de la relatividad derivó que la masa y la energía no son sino manifestaciones distintas de la misma cosa.* **››**

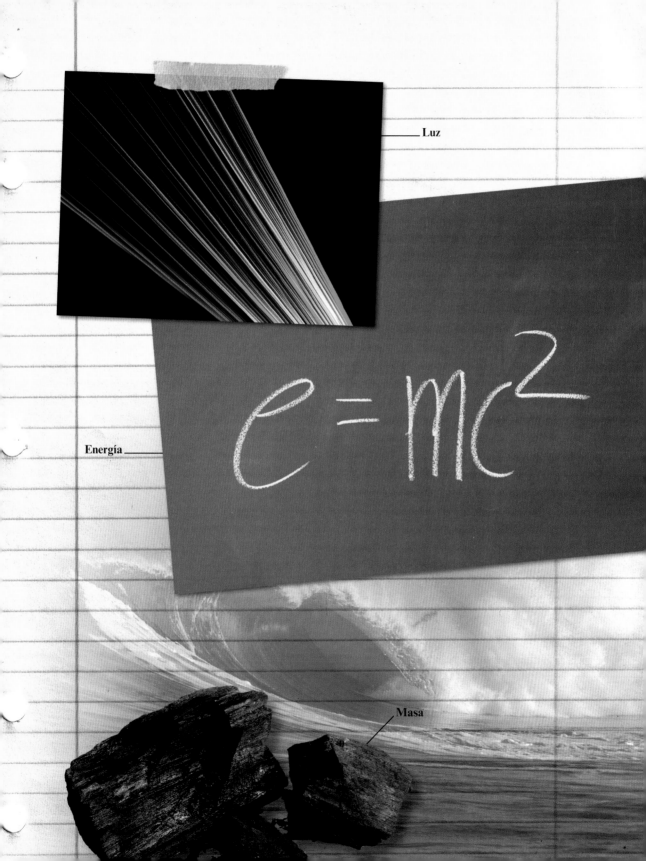

Luz

Energía

$e = mc^2$

Masa

Fundamentos de la teoría general

Aceleración

Einstein sabía que la teoría especial estaba incompleta porque sólo se aplicaba a casos especiales de objetos desplazándose a una velocidad uniforme (por eso la llamó «especial»). Entre 1905 y 1915 trabajó para **generalizar** la teoría con el fin de incluir el movimiento de objetos en aceleración. Significaría incorporar a la teoría el concepto de **inercia** (la manera en que los objetos pesados, como un automóvil, necesitan más esfuerzo para acelerar que los objetos más ligeros, como, por ejemplo, un carrito de la compra). Einstein creía que el tratamiento correcto de la inercia surgiría haciendo su teoría consistente con lo que él llamó **principio de Mach**. Se trataba de una idea propuesta por el físico austríaco Ernst Mach, que afirmaba en esencia que la inercia surge del movimiento de objetos en relación con el resto de la masa del universo.

Gravedad

Einstein también era consciente de que la teoría especial no era consistente respecto a la gravedad. La mejor teoría de la gravedad en la época era la ley de la **gravitación universal** de Isaac Newton, dominante desde 1687. Dicha ley afirmaba que la gravedad se propaga por el espacio a una velocidad infinita (si el Sol desapareciese de repente, la Tierra y el resto de los planetas dejarían de percibir al instante la fuerza gravitatoria que los sostiene en sus órbitas y saldrían disparados por el espacio). Sin embargo, esa idea chocaba con la teoría especial de la relatividad, según la cual nada (ni siquiera la gravedad) puede moverse a mayor velocidad que la **velocidad de la luz**. De hecho, la luz del Sol tarda **8,3 minutos** en llegar a la Tierra, de manera que cualquier cambio en la gravedad del Sol no se haría notar en menos de ese tiempo. Einstein se dio cuenta de que la versión general de la relatividad implicaría, probablemente, una nueva versión de las leyes de la gravedad de Newton.

El principio de equivalencia

Al principio del **desarrollo** de la teoría general de la relatividad, Einstein pensó que estos dos conceptos estaban íntimamente relacionados (que la gravedad y la aceleración eran **equivalentes**). Una persona dentro de una caja sellada experimentando una aceleración que la empuja hacia el suelo sería incapaz de determinar si esa aceleración se debe a que la caja está suspendida en un campo gravitatorio (como la aceleración que le mantiene pegado a su asiento mientras lee esto) o a que aumenta la velocidad de la propia caja (como la aceleración que nos empuja hacia atrás cuando un avión despega). Einstein llamó a este fenómeno **principio de equivalencia**.

Resumen

Al darse cuenta de que la teoría especial de la relatividad está incompleta, Einstein se embarca en el viaje intelectual más arduo, pero más satisfactorio, de su vida.

Temas relacionados
véanse también
TEORÍA ESPECIAL
DE LA RELATIVIDAD
página 76
TEORÍA GENERAL DE
LA RELATIVIDAD
página 82

❝ La idea más feliz de mi vida... ❞
AL DARSE CUENTA DE QUE LA GRAVEDAD Y LA ACELERACIÓN SON EQUIVALENTES

Sir Isaac Newton

Teoría general de la relatividad

La curvatura del espacio-tiempo

En 1912, Einstein ya había pensado que un posible camino hacia su nueva teoría podría ser curvar el **espacio-tiempo** plano de la teoría especial. Al fin y al cabo, la gravedad hace que se curve la trayectoria de los objetos que se mueven en el espacio. Einstein se convenció del hecho al estudiar la conducta de un simple disco giratorio. La rotación es una forma de aceleración (la aceleración en el interior de una secadora es lo que hace que la ropa se pegue al tambor). Debido al **efecto de contracción de Lorentz**, la circunferencia exterior del disco debe hacerse tanto más corta cuanto más rápido gira. No obstante, el radio del disco se mantiene invariable. La única manera de que eso sea posible es que el disco se deforme y adopte una forma similar a un plato. Al parecer, era cierto que el espacio y el tiempo estaban **curvados**.

El tensor de Einstein

Pero ¿cómo iba a desarrollar Einstein esos factores geométricos en su teoría matemática? Con la ayuda de su amigo y colega **Marcel Grossman**, experto en geometría, recurrió a una rama de las matemáticas desarrollada durante la segunda mitad del siglo XIX por el matemático alemán Bernhard Riemann. La **geometría diferencial** es una manera de utilizar las ecuaciones para representar cómo se interrelacionan entre sí los puntos de una superficie curvada de forma arbitraria. Para ello se utiliza una entidad matemática llamada **tensor**, una disposición bidimensional de números (parecida a una matriz) que da la distancia entre dos puntos en el espacio. Después de numerosas pruebas y errores, Einstein descubrió un tensor que describía la curvatura gravitacional del espacio. Se conoce como «tensor de Einstein».

La ecuación de campo

Lo único que faltaba era relacionar el tensor de Einstein con el contenido del espacio y el tiempo (la materia responsable de generar el campo gravitatorio en primer lugar). En el caso de la teoría general de la relatividad, resultó ser otro tensor. Sus componentes tienen en cuenta no sólo la cantidad de masa presente, sino también la **energía** (por ejemplo, en forma de radiación, tal como cabría esperar de $E = mc^2$) y la **inercia**, la presión y las tensiones presentes dentro de la materia. La ecuación de campo de Einstein, que es el **elemento clave** de la teoría general de la relatividad, equivale a una sencilla fórmula que relaciona ese «tensor de energía-cantidad de movimiento» con el tensor de Einstein.

Resumen

Einstein recurre a las matemáticas esotéricas de los espacios curvados para convertir la teoría especial de la relatividad en un nuevo modelo de gravedad. La masa y la energía pasan a deformar el espacio y el tiempo.

Temas relacionados
véanse también
FUNDAMENTOS
DE LA TEORÍA ESPECIAL
página 74
TEORÍA ESPECIAL
DE LA RELATIVIDAD
página 76

《 La teoría es de una belleza incomparable. 》

Curvatura del
espacio y el tiempo

La carrera hacia la relatividad

David Hilbert

En junio de 1915, Einstein visitó la **Universidad de Gotinga** (Alemania) para dar una serie de conferencias sobre su teoría general de la relatividad (todavía en estado embrionario). Entre el público había un brillante matemático, David Hilbert. Einstein tuvo problemas para deducir el final de su ecuación de campo, y Hilbert se sintió tan interesado por el problema que empezó a estudiarlo por su cuenta. No tardó en detectar un **error en el borrador de la teoría de Einstein** (conocida como «*Entwurf*»), y se dispuso a corregirlo. Cuando Einstein supo del logro de Hilbert, duplicó sus esfuerzos y trabajó contrarreloj para completar la teoría. Al final, los dos llegaron a las ecuaciones correctas más o menos a la vez: a finales de **noviembre de 1915**. Todavía son muchos los que creen que Hilbert resolvió el problema primero, aunque él no afirmó ser el creador de la teoría general de la relatividad y dejó a Einstein todos los honores. La experiencia agotó a Einstein: en una carta dirigida a su amigo Michele Besso escribió que estaba «**satisfecho, pero *kaput***».

La acción Einstein-Hilbert

Hilbert utilizó un método matemático muy distinto al de Einstein. Éste probó versiones plausibles de las **ecuaciones de campo** que después comprobaba para ver si daban los mismos resultados en todos los sistemas de coordenadas con el fin de conservar su preciado principio de la relatividad. Hilbert, por su parte, decidió adoptar un **enfoque más sistemático**, intentando derivar las ecuaciones directamente de una «acción», la medida de la energía encerrada en un sistema. Es posible resolver las ecuaciones de movimiento para cualquier sistema exigiendo que su acción se minimice siempre (lo cual equivale a decir que la naturaleza toma el **camino de la menor resistencia**). Y eso es lo que hizo Hilbert. La acción de la teoría general de la relatividad recibe el nombre de acción Einstein-Hilbert.

Henri Poincaré

Para Einstein, todo este asunto debió de ser una especie de *déjà vu*. Diez años antes, mientras desarrollaba la teoría especial de la relatividad, estuvo a punto de verse superado por el matemático francés **Henri Poincaré**. De hecho, desde el punto de vista matemático fue así. Poincaré ya había llegado al mismo punto que Einstein, pero no identificó el revolucionario escenario nuevo del espacio y el tiempo que sus ecuaciones le mostraban. Fue necesaria la gran **intuición** de Einstein como físico para dar ese paso, y esa es la razón por la que figura justamente como el creador de la teoría.

Resumen

Einstein está a punto de ser superado en el descubrimiento de la ecuación de campo de la teoría general de la relatividad y trabaja hasta la extenuación para llegar el primero.

Temas relacionados
véanse también
BERNA
página 32
TEORÍA GENERAL
DE LA RELATIVIDAD
página 82

❬❬ El sistema que usted proporciona coincide exactamente, hasta donde yo puedo ver, con lo que he descubierto en las últimas semanas y he presentado a la Academia. ❭❭
CARTA A DAVID HILBERT

kelte Allgemeinheit als gültig vorausgesetzt wurde, entwickelte
19. Jahrhundert wesentliche als eine Folge eines Satzes der
Mechanik ein Pendel, dessen Masse zwischen

A und B hin und her schwingt.

B) verschwindet die Geschwindigkeit
Masse erreicht nun h höher als
im Punkte C der Bahn. In C

seine verloren gegangen; dafür aber hat die Masse die
keit v. Es ist, wie man sich Hubhöhe in Geschwindig-
bey voller verwandeln könnten. Die exakte Bezie-

$$mgh = \frac{m}{2}v^2,$$

gesetzte Lage auf der Erdoberfläche bedeutet. Das Inte-
dass diese Beziehung unabhängig ist von der Länge
und Beschaffenheit von der Form der Bahn in welcher die M
ogle) Interpretation: Es gibt es etwas (-darstellt die En-
nur des Vorgangs erhalten bleibt. In A ist eine Energie e
oder „potentielle Energie" in C eine Energie des Be
Energie" Wenn diese Auffassung das Wesen der Sache
richtig erfasst so muss die Summe

$$mgh + m\frac{v^2}{2} \quad \text{?}$$

alle Zwischenlagen derselben Wert haben; keit v - zusammengesetzt

Consecuencias de la teoría general

El nuevo Sistema Solar

La teoría general de la relatividad provocó un cambio radical en la visión de la grave-dad por parte de los físicos. En lugar de concebir una **fuerza** intercambiada directa-mente entre cuerpos enormes, la gravedad pasó a ser un mecanismo para dar forma al paisaje del espacio-tiempo en el que se mueven esos objetos. El Sol ya no atraía directamente a los planetas del **Sistema Solar** para mantenerlos en sus respectivas órbitas. Simplemente, los planetas viajan por el espacio mientras la masa del Sol de-forma ese espacio (que pasa a ser de una carretera recta a un **circuito en bucle**). Es como si el espacio del Sistema Solar fuese una lámina gigante de goma, con el Sol en el centro como una bola enorme que crea una gran depresión en la lámina mientras los planetas giran alrededor como canicas.

Corrimiento al rojo gravitacional

La teoría general de la relatividad tuvo algunas **consecuencias más sutiles**. En la teoría de Einstein, la gravedad actúa tanto sobre la luz como sobre la materia. Un rayo de luz pierde energía a medida que asciende por un campo gravitacional. Dado que la energía de un rayo de luz es directamente proporcional a su frecuencia, un rayo de **alta frecuencia** (como una luz azul) cambia a una frecuencia más baja (hacia el rojo) a medida que sube. Por eso el efecto se conoce como «corrimiento al rojo gravitacional». Un fenómeno semejante hace que los relojes vayan más lentos en un campo gravitato-rio. Del mismo modo que el movimiento rápido provoca la dilatación del tiempo en la teoría especial, la aceleración ejercida sobre un objeto por la gravedad crea su propio efecto de «**dilatación del tiempo gravitacional**».

Efecto de arrastre (Lense-Thirring)

El espacio-tiempo y la materia pueden combinarse de algunas maneras peculiares. Una de ellas es un fenómeno llamado «**efecto de arrastre**»: los objetos que giran parecen arrastrar el espacio y el tiempo a su alrededor (más o menos, de la misma manera que si giramos una cuchara en una lata de melaza). Dicho efecto lo descubrieron dos físicos austríacos en 1918 a partir de la teoría de Einstein: **Josef Lense** y **Hans Thirring**. En 1921, Einstein continuó con el análisis de sus colegas para demostrar que el efecto de arrastre también implica que la inercia de un cuerpo (su resistencia al movimiento) aumenta en función de la cantidad de materia que haya en su proximidad. Consideró que su deducción era de gran importancia, ya que parecía corroborar la prueba de que su teoría incorporaba el **principio de Mach**, algo que había deseado desde siempre.

Resumen

La teoría general de la relatividad tiene ramificaciones asombrosas para la física teórica. Newton queda totalmente superado y Einstein está encantado.

Temas relacionados
véanse también
TEORÍA ESPECIAL DE LA RELATIVIDAD página 76

FUNDAMENTOS DE LA TEORÍA GENERAL página 80

« *Si supiésemos lo que estábamos haciendo, no se llamaría investigación, ¿verdad?* **»**

El Sistema
Solar

La galaxia
remolino

Pruebas de la relatividad

Desintegración de partículas

La teoría especial de la relatividad se confirma casi a diario en los **aceleradores de partículas**. Se trata de máquinas que aceleran las partículas subatómicas hasta casi la velocidad de la luz y después chocan y se rompen, dejando al descubierto su funcionamiento interno. Algunos de los fragmentos que salen despedidos de esas **colisiones** se desintegran de forma natural en otras partículas (y lo hacen en escalas de tiempo muy precisas). Sin embargo, cuando los fragmentos se mueven a una velocidad muy alta (como ocurre en un acelerador de partículas), esas escalas temporales se distorsionan por la dilatación del tiempo. Las medidas de los **tiempos de desintegración** realizadas en aceleradores de partículas coinciden plenamente con las predicciones del «estiramiento» del tiempo de la relatividad.

La órbita de Mercurio

Los astrónomos sabían que la órbita de Mercurio no se comportaba como cabría esperar. El resto de los planetas gira alrededor del Sol siguiendo **órbitas elípticas** perfectamente definidas. Mercurio, en cambio, viaja alrededor de una elipse que parece girar alrededor del Sol y que traza una especie de rosetón. Este problema se conocía como **precesión del perihelio**. Algunos astrónomos sugirieron que existía otro planeta sin descubrir en el interior de la órbita de Mercurio (lo llamaron **Vulcano**) y que la influencia de su atracción gravitacional hacía que Mercurio se desviase de su órbita. Sin embargo, cuando se volvió a analizar la órbita de Mercurio en el contexto de la teoría general de la relatividad, se comprobó que Vulcano no era necesario: la precesión del perihelio quedaba perfectamente explicada por la teoría general de Einstein.

Curvatura de la luz

La prueba definitiva de la teoría general es la **curvatura de la luz de las estrellas** por la gravedad del Sol. La midió por primera vez en 1919 el astrónomo británico **sir Arthur Eddington**. Se predijo que la desviación sería diminuta (de aproximadamente 1,7 segundos de arco; 1 arcosegundo equivale a 1/3.600 °). Una estrella cuya luz se desvía en una cantidad tan pequeña se perdería en el brillo del Sol. Los astrónomos esperaron a que se produjese un **eclipse total** (el disco solar queda oculto por la silueta de la Luna). En 1919 se dió esa oportunidad, y Eddington encabezó una expedición para observarla desde la isla de Príncipe, junto a la costa de África occidental y en el camino de sombra del eclipse. El clima no era idóneo, pero entre las nubes Eddington obtuvo las imágenes que necesitaba. Al analizarlas vio que sus resultados encajaban a la perfección con las predicciones de la relatividad.

Resumen

En ocasiones se dice que las afirmaciones extraordinarias requieren pruebas extraordinarias. Es muy cierto en el caso de la relatividad. Antes de aportar pruebas, Einstein ya sabía que su teoría era correcta.

Temas relacionados
véanse también
TEORÍA ESPECIAL DE LA RELATIVIDAD
página 76
ASTROFÍSICA
página 136

❝ *Si los hechos no encajan con la teoría, cambia los hechos.* ❞

Colisión de partículas

Sir Arthur
Eddington

Ampliación de la teoría general

Lente gravitatoria

Las medidas de la curvatura de la luz de las estrellas alrededor del Sol tomadas por Eddington en 1919 supusieron una impresionante demostración de cómo la gravedad deforma el espacio. En 1936, Einstein fue más allá. Publicó una investigación en la que detallaba cómo la luz que cruza el universo desde **cuerpos celestes distantes** puede curvarse por la gravedad de objetos interpuestos. Especuló con la idea de que el efecto podría ser útil para los astrónomos, ya que la curvatura de la luz alrededor del objeto interpuesto imita la acción de una lente telescópica y aumenta la imagen del cuerpo distante. El primer ejemplo de esta «**lente gravitatoria**» se descubrió en 1979, cuando los astrónomos se dieron cuenta de que el doble cuásar de la constelación de la Osa Mayor era en realidad dos imágenes de un mismo objeto.

Ondas gravitacionales

La teoría del electromagnetismo predice las ondas **electromagnéticas** (como las ondas de luz y de radio). Análogamente, Einstein demostró que la teoría general de la relatividad admite las llamadas ondas gravitacionales, ondulaciones en la curvatura del espacio-tiempo que se hacen sentir al provocar a su paso una breve variación de la fuerza gravitatoria. Las ondas gravitacionales son producidas únicamente por **fuentes gravitatorias en aceleración**, e incluso así son débiles (salvo si la gravedad de la fuente es excepcionalmente intensa). Nadie las ha detectado aún, aunque, para ello, se hayan construido observatorios especializados en varios puntos del planeta. No obstante, las observaciones de un **sistema binario de estrella de neutrones** en la constelación Aquila muestran que las dos estrellas se acercan a la velocidad que cabría esperar si las ondas gravitacionales se llevaran energía del sistema.

La teoría de Einstein-Cartan

En 1922, el físico francés **Élie Cartan** propuso una modificación de la teoría general de la relatividad para incluir la torsión afín (es decir, las **fuerzas rotatorias**) en el tensor de energía-cantidad de movimiento para describir la fuente del campo gravitatorio. Su formulación matemática era consistente con la idea del espín cuántico. Einstein quedó tan impresionado que adoptó un enfoque similar en su **teoría del teleparalelismo**, de 1928, uno de sus muchos intentos de crear una teoría de campo unificado. Ninguna de las teorías tuvo demasiado eco en la década de 1920. Recientemente, investigadores que intentan combinar la teoría general de la relatividad con la teoría cuántica han recuperado la teoría de Einstein-Cartan. Creen que el manejo del espín dentro de dicha teoría la hace especialmente susceptible a la cuantización.

Resumen
Einstein y otros teóricos llevan la teoría general de la relatividad al siguiente nivel y demuestran cómo produce ondulaciones en el espacio. La idea permite a los astrónomos utilizar la gravedad como una especie de telescopio gigante.

Temas relacionados
véanse también
TEORÍA DEL CAMPO UNIFICADO
página 100
ASTROFÍSICA
página 136

« *La vida es como montar en bicicleta. Para mantener el equilibrio tienes que seguir moviéndote.* **»**

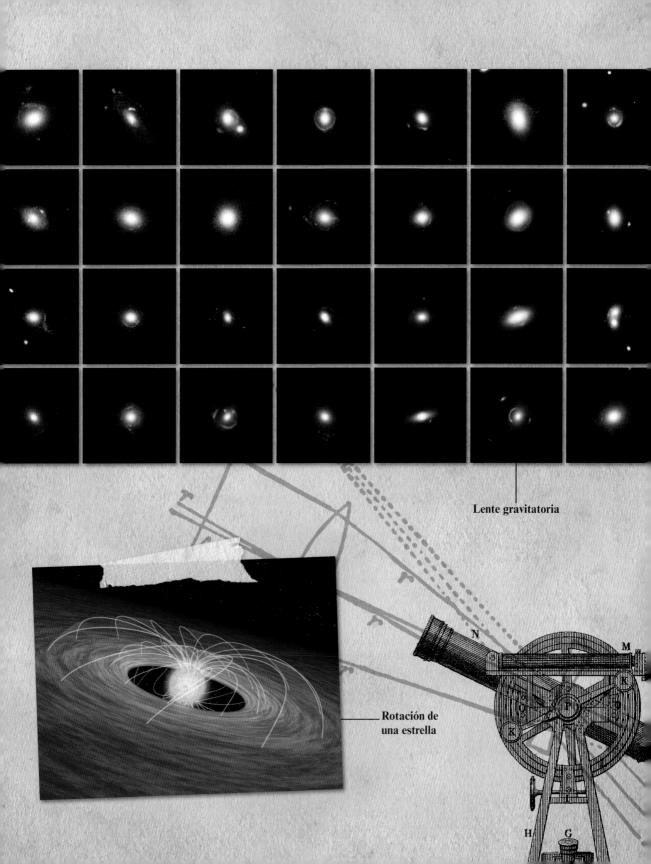

Lente gravitatoria

Rotación de
una estrella

Agujeros negros

Estrellas oscuras

Uno de los conceptos más increíbles que la teoría general pudo explicar con elegancia es la idea de que pueden existir regiones en el espacio en las que la gravedad es tan intensa que ni siquiera la luz puede escapar a ella. La mayor parte de los primeros cálculos de Einstein para la teoría general implicaron técnicas de aproximación (así de formidables eran las matemáticas que describían la teoría). En 1917, el físico alemán **Karl Schwarzschild** obtuvo la primera solución exacta. Describió el campo gravitatorio rodeando una **masa estática de materia**. La solución de Schwarzschild afirmaba que si la materia se comprime hasta un determinado tamaño (lo que se conoce como «radio de Schwarzschild»), se torna tan densa que su gravedad puede evitar que escapen los rayos de luz. Esos objetos son los **agujeros negros**.

Horizontes y singularidades

El valor del **radio de Schwarzschild** viene dado por la fórmula $2Gm/c^2$, en la que c es la velocidad de la luz, G es la constante de gravitación de Newton y m es la masa. El radio de Schwarzschild del Sol mide tan sólo 3 km. Si pudiésemos comprimir el Sol hasta esa medida (en física existen mecanismos por los cuales los núcleos de las estrellas se pueden comprimir, como las explosiones de supernovas), el resultado sería un agujero negro. El límite exterior del agujero (igual en tamaño al radio de Schwarzschild) se conoce como «**horizonte de sucesos**». Dado que ni siquiera la luz puede escapar del interior del horizonte de sucesos (y nada puede viajar más rápido que la luz), aquello que caiga por encima del horizonte nunca podrá regresar. Su destino será caer en el centro del agujero, donde se aplastará hasta ser un punto de densidad infinita conocido como «singularidad».

Agujeros de gusano

A Einstein no le gustaba la idea de que las cantidades físicas pudiesen ser infinitas, como lo serían en la singularidad en el centro de un agujero negro. En 1935, él y su colega de Princeton, **Nathan Rosen**, descubrieron una salida de ese aparente punto muerto. Las ecuaciones de Schwarzschild eran igualmente válidas si la distancia «r» desde el centro de un agujero negro se sustituía por «-r». Einstein y Rosen se preguntaron si sería posible atravesar la singularidad y aparecer en una nueva región del espacio (pero con coordenadas negativas). Cuando investigaron más a fondo, descubrieron que sí era posible. Su solución pasó a ser conocida como **puente de Einstein-Rosen**, aunque también tiene un nombre más popular: **agujero de gusano**.

Resumen

Pronto resulta evidente que la relatividad admite la remota posibilidad de los agujeros en el espacio. Oportunista como siempre, Einstein calcula cómo viajar a través de esos agujeros.

Temas relacionados
véanse también
MÁS RÁPIDO QUE LA LUZ
página 128
ASTROFÍSICA
página 136

❝ *La imaginación es más importante que el conocimiento. El conocimiento es limitado.* ❞

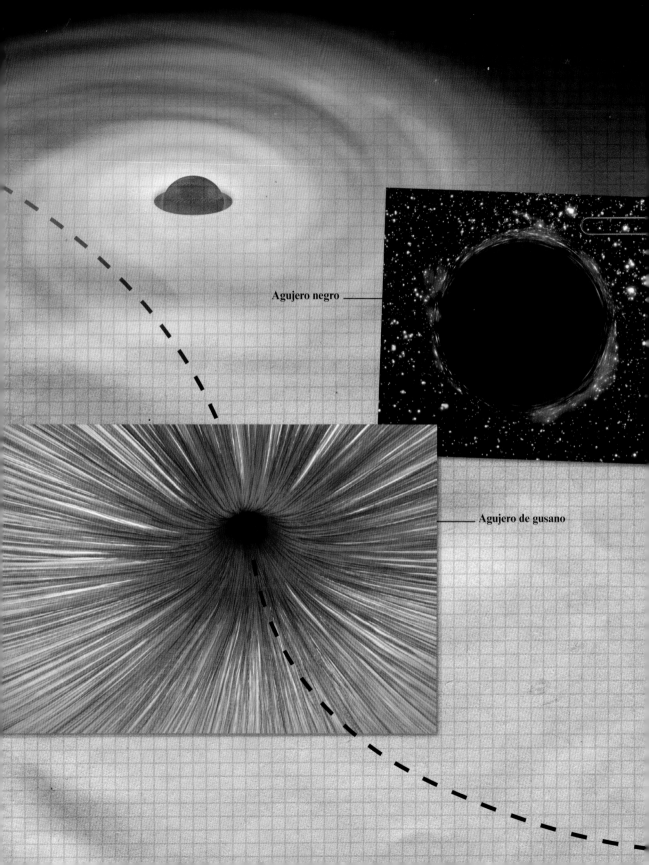

Agujero negro

Agujero de gusano

Mecánica estadística

El movimiento browniano

El movimiento browniano es un **movimiento aleatorio** de las partículas suspendidas en un fluido (un gas o un líquido). Su nombre procede del botánico escocés del siglo XIX **Robert Brown**, que observó ese movimiento irregular en partículas de polvo microscópicas halladas en las vacuolas de los granos de polen. En 1905, Einstein desarrolló una teoría que explicaba que el movimiento browniano era provocado por colisiones aleatorias de las partículas con los átomos del aire. Aunque un átomo individual es demasiado pequeño para influir en una partícula de polvo, las variaciones aleatorias en el número de átomos que chocan con la partícula desde todas las direcciones pueden hacer que ésta se mueva de aquí para allá. Los físicos intentaron encontrar una explicación matemática convincente del movimiento browniano durante un siglo. El modelo de Einstein también aportó la primera evidencia sólida de que **los átomos realmente existen.**

Estadística de Bose-Einstein

Para el trabajo sobre el movimiento browniano, Einstein utilizó la **teoría cinética**, que afirma que las propiedades macroscópicas de los gases y los líquidos (por ejemplo, la temperatura y la presión) son consecuencia del movimiento de sus **átomos y moléculas**. La teoría cinética fue la precursora de la poderosa mecánica estadística que aplica complejos métodos estadísticos a las partículas con el fin de deducir la media de las propiedades de la materia. En 1924, el físico indio **Satyendra Nath Bose** publicó una de las primeras teorías de mecánica estadística consistente con las nuevas leyes de la teoría cuántica. Bose aplicó su análisis sólo a los fotones (partículas de luz). Einstein vio el trabajo y se dio cuenta inmediatamente de que podía ampliarse a las moléculas de gas que poseen un espín cuántico similar al de los fotones. La teoría pasó a ser conocida como «estadística de Bose-Einstein», y describe con precisión la materia compuesta por partículas que poseen valores «enteros» de su espín: 0, 1, 2, 3, etcétera.

Los condensados de Bose-Einstein

Las partículas que obedecen las estadísticas de Bose-Einstein se conocen como **bosones**. Entre los ejemplos figuran los átomos con un número par de partículas, como el **helio**. Una consecuencia de la teoría es que un gas de bosones suficientemente frío puede caer de repente al estado de energía más bajo que permite la teoría cuántica (el llamado estado fundamental). Cuando eso ocurre, todas las partículas se mueven al unísono, y el gas se comporta como una gran partícula única obedeciendo las reglas cuánticas. Esto es lo que se conoce como **condensado de Bose-Einstein**. Se creó experimentalmente por primera vez en la Universidad de Colorado, en 1995.

Resumen
De las pequeñas bellotas salen robles poderosos. Einstein deja a un lado (temporalmente) su aversión hacia el mundo cuántico y aplica algunas leyes a pequeña escala para entender mejor la física a gran escala.

Temas relacionados
véanse también
TERMODINÁMICA
página 70
CONSECUENCIAS DE LA TEORÍA ESPECIAL
página 78
ACELERADORES DE PARTÍCULAS
página 120

❝ *Los cuerpos en el orden de magnitud de 1/1.000 mm, suspendidos en líquidos, deben realizar un movimiento aleatorio observable [...] los fisiólogos lo han observado y lo denominan movimiento browniano.* ❞

Átomo de helio

Núcleo de helio

Robert Brown

Átomo de neón

El mundo cuántico

Dios no juega a los dados

La teoría cuántica es la rama de la física que se ocupa del **comportamiento de los átomos** y las moléculas. Einstein la odiaba. Puede parecer extraño, ya que su propia teoría del efecto fotoeléctrico avanzó la revolucionaria idea de que la luz está formada por partículas cuánticas llamadas **fotones**. Sin embargo, a medida que la teoría cuántica fue evolucionando, surgió una tendencia que Einstein no soportaba: la idea de la incertidumbre. Según la teoría cuántica, no es posible conocer los detalles exactos de una partícula en un momento concreto en el tiempo, sólo la **probabilidad** de encontrarla en uno u otro estado. La aversión de Einstein a esa falta de determinismo le acompañó hasta sus últimos días.

La paradoja EPR

En 1935, Einstein, **Nathan Rose** y **Boris Podolsky** propusieron un relevante experimento mental. Según una visión común de la teoría cuántica (la **interpretación de Copenhague**), las partículas se encuentran en un estado de indeterminación hasta que se miden. Ciertas partículas subatómicas se descomponen dando lugar a pares de partículas nuevas. Las partículas de los pares tienen valores opuestos de una propiedad conocida como espín (que puede adoptar uno o dos valores, «arriba» o «abajo»). El espín de cada partícula no se conoce hasta que se toma una medida, pero las partículas permanecen unidas, de manera que el espín de una de ellas fija al instante el de la otra. Einstein señaló que esa «acción fantasmagórica a distancia» significa que es posible conocer el estado de una partícula sin medirla, contradiciendo así la interpretación de Copenhague. Su experimento mental pasó a ser conocido como la paradoja de Einstein-Podolsky-Rosen (EPR), y más tarde dio lugar al **entrelazamiento cuántico**.

El gato de Einstein

También en 1935, el físico teórico austríaco **Erwin Schrödinger** presentó otro experimento mental cuántico. Un gato está encerrado en una caja con un frasco de veneno bajo un martillo y una **sustancia radiactiva**. Si ésta se desintegra, el martillo cae, liberando el veneno, y el gato muere. De lo contrario, vive. La interpretación de Copenhague afirma que antes de tomar una medida, la incertidumbre implica que la sustancia se desintegra y no se desintegra a la vez (y, por tanto, antes de que se abra la caja, el gato está muerto y vivo a la vez). Este experimento mental se conoce como «gato de Schrödinger». Pero lo que muchos no saben es que en realidad se inspiró en una **carta de Einstein** en la que éste imaginaba un montón de pólvora detonada por una incertidumbre cuántica que provoca la explosión y la no explosión simultánea.

Resumen

A pesar de ser uno de los creadores de la teoría cuántica, Albert Einstein mantuvo una relación de amor-odio con los caprichos del mundo subatómico. Sobre todo de odio.

Temas relacionados
véanse también
ESTRUCTURA DE LA MATERIA
página 66
LA NATURALEZA DE LA LUZ
página 68
EL ENTRELAZAMIENTO CUÁNTICO
página 122

❝ *Cuantos más éxitos disfruta la teoría cuántica, más estúpida parece.* ❞

Cosmología

Universo esférico

Más de un estudiante de física en secundaria se habrá preguntado dónde termina el espacio. En 1917, Einstein utilizó la relatividad para ofrecer una respuesta (o, más bien, para esquivar la pregunta). Porque, si Einstein tuviese razón, el espacio no terminaría en ninguna parte: no tiene límite. Del mismo modo que no tiene sentido preguntar por el extremo de la Tierra visto que el planeta es esférico, Einstein propuso que la teoría general podría curvar el espacio de todo el universo en una enorme **esfera cósmica** sin límites. Por supuesto, el universo no es una esfera bidimensional como nuestro planeta. Es esférico en **tres dimensiones**. Si mirase lo suficientemente lejos al vacío (en cualquier dirección), con un **telescopio** extraordinariamente potente, seguramente descubriría que esta viendo la parte posterior de su propia cabeza.

¿Qué hay fuera?

Todo eso está muy bien, pero si el universo forma una esfera, ¿qué hay fuera de ella? Al fin y al cabo, sabemos que existe todo un universo de espacio más allá de la superficie curvada de la Tierra. ¿Qué hay **más allá del universo**? La respuesta, según la teoría general, es «nada». No espacio vacío, sino **absolutamente nada**: ni espacio, ni tiempo, ni materia ni energía. Nada. Eso es así porque, según la relatividad, nuestras tres dimensiones del espacio más la del tiempo es todo lo que existe. A diferencia de la superficie de la Tierra, uno de los muchos planetas que **ocupan espacio**, nuestro universo es el único (al menos por lo que sabemos) y no hay nada fuera de él.

Creación de la nada

Cuenta la historia que Albert Einstein cruzaba una calle cuando le llegó la revelación. Un día, Einstein y un colega (el eminente físico ruso **George Gamow**) salieron a dar un paseo por Princeton. Gamow le estaba explicando que uno de sus alumnos había calculado que si la masa de una estrella pudiese concentrarse en un punto, la **energía neta** de la estrella sería 0 (porque la energía de la masa de la estrella es exactamente igual y de sentido contrario a la energía encerrada en su campo gravitatorio). Al parecer, Einstein se detuvo en seco, lo que provocó que varios coches tuviesen que esquivarlo. El gran hombre se había dado cuenta de que ese mismo principio podía aplicarse al universo. La energía de todos sus planetas, estrellas y galaxias equilibra su energía gravitacional, de manera que nuestro cosmos podría haber **surgido de la nada**.

Resumen

Einstein piensa a lo grande (literalmente) y aplica la teoría general de la relatividad a todo el universo. Sus cálculos sugieren que el espacio es redondo, que está aislado y que surgió de la nada.

Temas relacionados
véanse también
AGUJEROS NEGROS
página 92
COSMOLOGÍA MODERNA
página 138

❝*Sólo dos cosas son infinitas: el universo y la estupidez humana. Y no estoy seguro de la primera.*❞

Teoría de campo unificado

Una fuerza para regir a todas

Después del éxito de la relatividad, Einstein pasó gran parte de su tiempo **consumido** por la búsqueda de una descripción consolidada de la física (la llamada **teoría de campo unificado**). En aquel momento sólo existían dos fuerzas conocidas en la naturaleza: la gravedad y el electromagnetismo. En la actualidad existen cuatro (las otras dos son las interacciones nucleares débil y fuerte, establecidas en la década de 1950). El objetivo de Einstein era unir la gravedad y el electromagnetismo en una sola fuerza. Durante las décadas de 1920 y 1930, los titulares de los periódicos de todo el mundo anunciaron cada uno de sus nuevos modelos de unificación, una nueva comprensión del **cosmos**, hasta que se desveló un error fatal que demostró que la teoría no se sostenía.

La teoría de Kaluza-Klein

Uno de los primeros intentos de una teoría unificada (y el modelo que inspiró a Einstein en su propia búsqueda) fue la **teoría de Kaluza-Klein**. El matemático alemán Theodor Kaluza sentó las bases en 1919, y el físico suizo Oskar Klein las desarrolló. La clave de la teoría es que el espacio-tiempo es en realidad **pentadimensional**. La gravedad encajaba en las cuatro dimensiones ordinarias, mientras que las interacciones de la quinta eran las responsables del electromagnetismo. La principal contribución de Klein consistió en explicar por qué no vemos la quinta dimensión. Afirmó que forma un bucle muy cerrado y por eso se oculta a la vista. El tamaño de esa quinta dimensión se controlaba mediante una partícula extra incluida en la teoría y llamada **radión**. Aunque más tarde manifestó carencias, la teoría de Kaluza-Klein sigue siendo un paradigma en la física teórica actual debido al uso de las dimensiones adicionales y de las partículas todavía presentes en esquemas de unificación modernos, como la **teoría de cuerdas**.

¿La física está realmente unificada?

Algunos científicos se muestran escépticos ante la idea de que alguna vez se pueda descubrir una teoría de campo unificado operativa (conocida en la jerga moderna como **teoría del todo**). Sí se han hecho progresos en la unificación de algunas fuerzas. En la década de 1970, la teoría electrodébil unió satisfactoriamente la energía nuclear débil y el electromagnetismo. Y se han producido avances prometedores con la inclusión de la energía nuclear fuerte en el conjunto. Pero la **gravedad**, la criatura de Einstein, sigue negándose a formar parte del grupo. Así, el que probablemente sea el físico más importante de todos los tiempos, podría haber invertido una buena parte de su vida en un esfuerzo que finalmente resultaría infructuoso. Muchos lo consideran una **tragedia** de proporciones… cósmicas.

Resumen

Einstein pasa gran parte de sus últimos años buscando infructuosamente una descripción unificada de las fuerzas de la naturaleza. Todavía hoy, los físicos no tienen clara la existencia de esa teoría.

Temas relacionados
véanse también
TEORÍAS MODERNAS DE LA UNIFICACIÓN
página 118
ACELERADORES DE PARTÍCULAS
página 120

❝ *No podría existir un destino más justo para cualquier teoría física que el de señalar el camino hacia una teoría más integral en la que perdure como un caso limitador.* **❞**

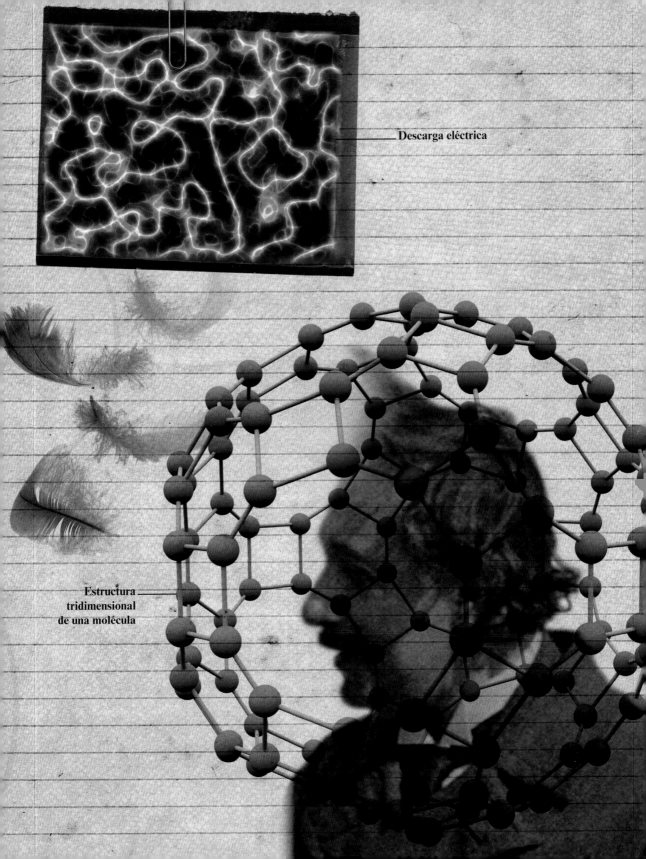

Descarga eléctrica

Estructura
tridimensional
de una molécula

La filosofía de Einstein

Una imagen vale...

Desde una temprana edad, a Einstein le gustaba pensar en imágenes. Sus **ideas visuales** y la intuición que las acompañaba fueron las responsables de muchos de sus primeros descubrimientos. La semilla de la teoría especial se plantó después de que Einstein imaginase cómo sería ir en bicicleta junto a un rayo de luz. El camino hacia la teoría general se le ocurrió después de que un experimento mental le llevase hasta el **principio de equivalencia**. Las matemáticas, la herramienta favorita de la mayoría de los **físicos teóricos**, sólo fueron para Einstein un medio, la manera de demostrar a sus colegas algo de lo que él ya estaba convencido. Más tarde, sin embargo, Einstein abandonó el enfoque visual (posiblemente, después de que la **fuerza bruta matemática** le ayudase a llegar a la teoría general). Se ha especulado con la posibilidad de que el alejamiento de Einstein del pensamiento visual fuera en parte la razón por la que hizo tan pocos grandes descubrimientos en las últimas etapas de su vida.

Razonamiento deductivo

El método de trabajo preferido por Einstein fue utilizar su **intuición** para llegar a grandes principios generales y después calcular sus consecuencias. En el caso de la teoría especial de la relatividad, fueron el principio de relatividad y la constancia de la velocidad de la luz. Para la teoría general fueron el principio de equivalencia y la revelación de que la gravedad equivale a la geometría curvada. Los filósofos lo interpretarían argumentando que Einstein prefirió el **razonamiento deductivo** (tomaba sus principios y después deducía las consecuencias). Contrasta con el razonamiento inductivo, el **modus operandi** de muchos otros científicos (buscan datos experimentales intentando detectar tendencias y de ahí extraen conclusiones).

Positivismo

El joven Einstein fue un **positivista** convencido (sólo le interesaban los aspectos observables de la naturaleza). No le interesaban las teorías que no se pudiesen probar de forma experimental, razón por la que tal vez rechazó ideas como el concepto del **espacio absoluto** de Newton. Más tarde se relajó en este aspecto, posiblemente a consecuencia de su guerra prolongada contra la mecánica cuántica (en la que apoyó un modelo alternativo conocido como **teoría de la variable oculta**). Hasta la década de 1960, esa teoría se consideró no verificable.

Resumen

¿Quiere pensar como Einstein? La intuición, los experimentos mentales, la deducción lógica y el poder de las pruebas contundentes fueron los principios que le guiaron.

Temas relacionados
véanse también

FUNDAMENTOS DE
LA TEORÍA ESPECIAL
página 74

FUNDAMENTOS DE
LA TEORÍA GENERAL
página 80

LOS MAYORES ERRORES
página 104

❝ El hombre de ciencias es un pobre filósofo. **❞**

Dampfmaschinchen denken, das
Du mir mitbrachtest, als Du
einmal von Russland kamst.
Es hat so ausgesehen:

Kannst Du Dich noch daran erinnern?
Dann, als Du in München mit
Deiner schlanken und schelmischen
jungen Frau bei uns warst, und
endlich, als ich Dich nach langen
Jahren, kurz vor der Verheiratung
Deiner Susanne in Antwerpen

Los mayores errores

Variables ocultas

El mayor **error** de Einstein (que nunca admitió) fue su reticencia a creer la interpretación de la teoría cuántica. Una versión para la que sí tuvo tiempo fue la teoría de la variable oculta. Einstein odiaba la naturaleza indeterminada de la teoría cuántica normal, con sistemas aparentemente idénticos capaces de comportarse de maneras radicalmente distintas. En la teoría de la variable oculta hay parámetros que hacen que sistemas cuánticos aparentemente idénticos sean distintos (los parámetros están ocultos a la vista, creando la **ilusión** de que el sistema es indeterminado). El físico irlandés **John Bell** demostró más tarde que, si la teoría de la variable oculta era correcta, se deberían verificar ciertas desigualdades matemáticas. Pero el físico francés **Alain Aspect** llevó a cabo en 1982 un experimento que demostraba que las desigualdades de Bell no se respetan. Por tanto, la teoría es errónea.

La constante cosmológica

Poco después de que se publicase la teoría general de la relatividad, en 1915, Einstein la aplicó al universo en general con el fin de comprobar qué implicaciones tenía para la cosmología. No tardó en encontrarse con un problema. Sus ecuaciones le indicaban que el universo no podía ser estático, que debía expandirse o contraerse. En aquel entonces, las **observaciones astronómicas** sugerían que el universo era estático. Einstein introdujo en su teoría un factor corrector (la «constante cosmológica») que invalidaría la gravedad a largo plazo, y por tanto el universo se mantendría estático. Cuando los astrónomos descubrieron, a finales de la década de 1920, que el universo en realidad **se expande**, Einstein se llevó una gran decepción y declaró que la constante cosmológica era «**el mayor error**» de su carrera científica. Esa afirmación también fue un error, ya que recientemente se ha renovado el interés por ella.

El Big Bang

Aunque Einstein acabaría aceptando la idea de que el universo podría haberse creado de la nada, al principio **rechazó** la idea. Conocida más tarde como teoría del Big Bang, la propuso por primera vez el físico belga **Georges Lemaître** en 1927 basándose en cálculos de la teoría general. La objeción de Einstein fue que el universo tendría que haber surgido de una singularidad en la que las fuerzas gravitatorias son infinitas, de forma muy similar a las singularidades que ocupan, según creía, los centros de los agujeros negros. Einstein pensaba que esas singularidades no eran físicas. Más tarde quedó patente que era posible eliminar el **problema de la singularidad**, pero para ello era preciso recurrir a otra gran pesadilla de la física moderna para Einstein: la teoría cuántica.

Resumen

Einstein cometió errores, como todo el mundo. Se negó a aceptar la teoría cuántica (las pruebas actuales resultan abrumadoras) y perdió la oportunidad de predecir que el espacio se expande.

Temas relacionados
véanse también
AGUJEROS NEGROS
página 92
COSMOLOGÍA MODERNA
página 138

« *El que no haya cometido nunca un error es que nunca ha probado nada nuevo.* **»**

Cronología

1901

Einstein publica su primer trabajo científico. Trata sobre la manera en que los líquidos tienden a subir por tubos estrechos (capilaridad).

1905

El año milagroso: Einstein publica cuatro trabajos de investigación, todos ellos revolucionarios. Dos de los mismos sientan las bases de la teoría especial de la relatividad.

1915

Einstein tarda diez años más en generalizar la relatividad para incluir la gravedad y el movimiento acelerado. Lo consigue y publica la teoría general de la relatividad.

1917

Einstein añade la constante cosmológica a sus ecuaciones de la teoría general de la relatividad con el fin de evitar que el universo se expanda. Doce años más tarde se descubre la expansión cósmica.

1917

La aplicación de la teoría general de la relatividad al universo impulsa a Einstein a sugerir que el espacio en grandes escalas podría curvarse en una esfera.

1919

El astrónomo británico sir Arthur Eddington realiza sus observaciones históricas de un eclipse que demuestran que la teoría general de la relatividad es correcta. Einstein se convierte en una celebridad de la noche a la mañana.

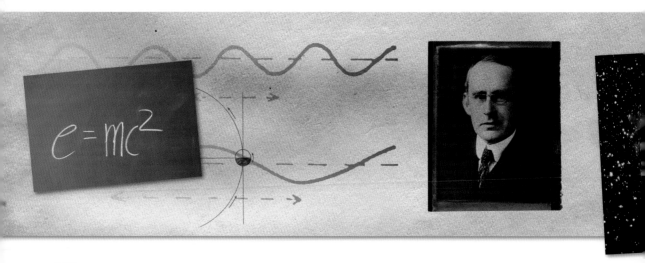

1923

En su conferencia con motivo del premio Nobel (recibió el de Física de 1921), Einstein declara su intención de hallar una teoría que unifique la gravedad y el electromagnetismo.

1924

El físico indio Satyendra Nath Bose formula una teoría de la luz que Einstein adapta y que lleva a predicciones sorprendentes sobre la mayor parte de las propiedades de la materia.

1926

En una carta dirigida al físico alemán Max Born, Einstein incluye su famosa observación «Dios no juega a los dados» en referencia a su rechazo de la incertidumbre de la física cuántica.

1930

Einstein obtiene una patente en Estados Unidos por un nuevo diseño de un frigorífico que no necesita electricidad. Sin embargo, los eficientes diseños modernos lo superan rápidamente.

1935

Einstein y Nathan Rosen sugieren que podría ser posible viajar a través de algunos tipos de agujeros negros (conocidos más tarde como «agujeros de gusano»).

1935

La idea de que pares de partículas cuánticas puedan permanecer interrelacionadas es ridiculizada por Einstein, Nathan Rosen y Boris Podolsky. Pero resulta ser cierta y lleva al entrelazamiento cuántico, un pilar de la teoría cuántica moderna.

Glosario

Agujero negro Objeto tan denso que su campo gravitatorio no permite la salida de la luz.

Átomos Constituyentes básicos de los elementos químicos naturales.

Constante cosmológica Número añadido a las ecuaciones de la teoría general para evitar la conclusión de que el universo se expande.

Contracción de Lorentz Fenómeno de la teoría especial de la relatividad que significa que un observador inmóvil ve acortarse los objetos en movimiento.

Curvatura de la luz Curvatura de la luz de las estrellas alrededor del Sol. La predijo la teoría general y se confirmó en 1919.

Dilatación del tiempo Un reloj en movimiento va más lento que uno inmóvil según la teoría especial de la relatividad.

Efecto de arrastre La teoría general de la relatividad de Einstein predice que los objetos giratorios muy grandes deberían arrastrar el espacio y el tiempo a su alrededor como una cuchara en un recipiente de melaza.

Efecto fotoeléctrico Descripción teórica de Einstein que explica cómo se produce una corriente eléctrica en un metal cuando recibe la luz del Sol.

Escalar Cantidad matemática cuya magnitud viene definida por un número. La masa de un objeto es un ejemplo.

Espín cuántico Propiedad de las partículas subatómicas que se descubrió aplicando la teoría especial de la relatividad a la teoría cuántica.

Fotones Partículas fundamentales de la luz.

Horizonte de sucesos Superficie exterior de un agujero negro.

Incertidumbre cuántica Principio de la teoría cuántica que afirma que es imposible saberlo todo sobre una partícula subatómica.

Lente gravitatoria Efecto de la gravedad de objetos masivos que curva la luz y la enfoca, como una lente de cristal.

Moléculas Componentes básicos de un compuesto químico. Se componen de átomos unidos.

Movimiento browniano Movimiento rápido e irregular de partículas (por ejemplo, de las motas de polvo suspendidas en el aire). Einstein lo explicó en 1905.

Ondas gravitacionales Ondulaciones en el espacio-tiempo provocadas por los campos gravitatorios variables en el tiempo, como el de la explosión de una supernova. Forman parte de las predicciones no comprobadas de la teoría general de la relatividad.

Precesión del perihelio El punto más cercano de la órbita de Mercurio alrededor del Sol (el perihelio) se mueve, o «anticipa», con el tiempo. La teoría general de la relatividad predijo el efecto y su magnitud.

Simultaneidad Einstein afirmó que dos hechos simultáneos para un observador no lo son para otro que se esté moviendo de manera diferente al primero.

Tensor Entidad matemática cuyas componentes vienen dadas por una matriz de números, empleada para transformar los valores de los vectores y los escalares en las teorías físicas.

Teoría cuántica Física de lo muy pequeño en la que la energía se «cuantiza» (presentándose sólo en paquetes discretos).

Teoría de campo unificado Teoría que une la gravedad y el electromagnetismo en un conjunto de ecuaciones matemáticas. Einstein pasó gran parte de sus últimos años desarrollando esta teoría.

Teoría especial de la relatividad Teoría de Einstein sobre el movimiento relativo entre objetos que se desplazan a una velocidad cercana a la de la luz.

Teoría general de la relatividad La obra magna de Einstein. Iguala la fuerza de la gravedad a la curvatura del espacio y el tiempo.

Variables ocultas Interpretación extinta de la teoría cuántica según la cual la aleatoriedad cuántica es una ilusión generada por una serie de variables que se comportan de forma determinista pero que no son visibles.

Vector Cantidad matemática que posee magnitud y dirección, como la velocidad y la dirección del agua que fluye en una corriente.

Capítulo 3

Influencia

Electrónica

GPS

La próxima vez que esa voz sintetizada evite que se pierda, recuerde darle las gracias a Albert Einstein. El Global Positioning System (GPS) funciona con un conjunto de **satélites** en órbita alrededor de la Tierra. Cada satélite envía una señal breve horaria muy precisa (aproximadamente de una milmillonésima de segundo). Una unidad de GPS en tierra firme recibe las **señales horarias** de varios satélites y las compara con su propio reloj interno para calcular la distancia a cada satélite. Dado que las posiciones orbitales de los satélites se conocen con exactitud, éstos pueden calcular con precisión la ubicación de la unidad de GPS en la **superficie de la Tierra**. No obstante, los satélites están en movimiento, por lo que sus relojes van más lentos según la dilatación del tiempo que apunta la teoría de la relatividad. Y no es todo. Dado que el reloj del GPS está a más profundidad en el campo gravitatorio de la Tierra que los relojes de los satélites, va más lento debido a la teoría general de la relatividad. Esos dos efectos tienen que ser corregidos, y la teoría de Einstein proporcionó las herramientas para hacerlo.

Semiconductores

Los semiconductores son materiales con los que se puede regular con precisión el flujo de corriente eléctrica. Son la base de los **microchips** modernos, presentes en todo tipo de aparatos: desde el ordenador hasta el reproductor de MP3. Hay dos tipos de semiconductores: el tipo N (en el que la corriente eléctrica se transporta mediante electrones de carga negativa) y el tipo P (la corriente se transporta por «huecos» con carga positiva en un mar de electrones). Los movimientos de estos transportadores de carga a través de un material semiconductor se describen mediante la **relación de Einstein**, desarrollada como parte de su investigación del **movimiento browniano**.

Espintrónica

Los ordenadores modernos registran la información almacenando cargas eléctricas en microchips semiconductores. La información se recoge en **forma binaria** (como secuencias de unos y ceros); la carga representa un uno, y la ausencia de carga, un cero. En la década de 1980, los físicos se dieron cuenta de que existía una **alternativa** para almacenar datos, utilizando una propiedad de las partículas subatómicas llamada espín cuántico. Más o menos parecido a la rotación normal, es el resultado directo de la teoría especial de la relatividad de Einstein. El espín cuántico se muestra en uno de dos estados posibles (arriba y abajo); esos dos estados se pueden utilizar para almacenar datos binarios, y resulta más eficaz que los instrumentos basados en cargas. Esta **tecnología** se denomina espintrónica.

Resumen

A Einstein le habría ido bien disponer de una unidad de GPS: su sentido de la orientación era desastroso. Muy adecuado, por tanto, que su propia teoría de la relatividad sea la que hace posibles estos aparatos.

Temas relacionados
véanse también
TEORÍA ESPECIAL
DE LA RELATIVIDAD
página 76
CONSECUENCIAS DE
LA TEORÍA GENERAL
página 86

❝ Voy camino de casa y he olvidado dónde está. ❞
LLAMADA A LA SECRETARÍA
DE DEPARTAMENTO DE
PRINCETON

Satélite de GPS

Energía

Paneles solares

Cuando Einstein descubrió cómo los metales expuestos a la **luz del sol** producen corriente eléctrica, sentó las bases de la actual revolución en la energía solar. Los **paneles solares** funcionan mediante un fenómeno relacionado: el efecto fotovoltaico. Cuando un fotón cae sobre una unión de semiconductores de tipo N y tipo P, no sólo emite un electrón (como en el efecto fotovoltaico), sino que deja un hueco con carga positiva allí donde se encontraba el electrón. Éste resulta atraído hacia el material de carga positiva P, mientras que el hueco lo es hacia el material de tipo N. Como la carga positiva que fluye en una dirección es la misma que la negativa que fluye en la opuesta, ambos efectos se refuerzan entre sí y crean una **corriente eléctrica**.

Energía nuclear

De las necesidades energéticas mundiales, aproximadamente el 14% se satisfacen en la actualidad con la energía encerrada en el núcleo del átomo. Un átomo se compone de una nube de electrones que rodean un núcleo. En la década de 1930 se descubrió cómo dividir los **núcleos de los átomos** en dos. Pero, cuando se hizo, los físicos observaron algo extraño: las masas combinadas de las dos mitades eran menores que la masa del núcleo original. ¿Dónde había ido a parar la masa que faltaba? Einstein proporcionó la respuesta con su famosa fórmula $E = mc^2$, que afirma que la masa y la energía son equivalentes. Significaba que el pequeñísimo déficit de masa creado al dividir el átomo en realidad se convierte en energía. Y esa es la base de la **fisión nuclear**, el proceso mediante el cual funcionan todas las **plantas nucleares** actuales.

Antimateria

En el futuro, la energía podría generarse a partir de la antimateria. Se trata de materia en la que ciertas propiedades, como la carga eléctrica, están invertidas. Así, por ejemplo, los electrones de carga negativa tienen **antipartículas** (positrones) de carga positiva, idénticas al electrón en todos los demás aspectos. Cuando una partícula de materia encuentra su antipartícula, la masa total de ambas se convierte en energía. La antimateria fue otra de las predicciones consecuencia de aplicar la relatividad de Einstein a la teoría cuántica cuando, en 1928, Paul Dirac desarrolló una ecuación relativista de movimiento para los electrones. Aunque su fabricación resulta **cara**, algunos científicos han sugerido que la antimateria podría extraerse del espacio, donde los fuertes campos magnéticos de algunos planetas (como **Júpiter**) la atraerían. Hoy se utilizan cantidades muy pequeñas de antimateria en las tomografías por emisión de positrones (escáneres médicos).

« *Es posible convertir cantidades muy pequeñas de masa en una gran cantidad de energía.* **»**

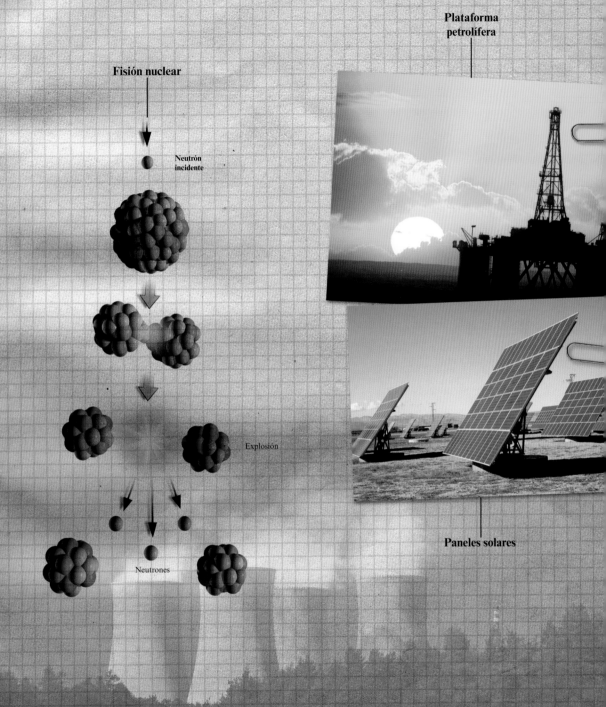

Fisión nuclear

Neutrón
incidente

Explosión

Neutrones

**Plataforma
petrolífera**

Paneles solares

Láseres

Fibra óptica

Los láseres son un componente esencial de las comunicaciones con fibra óptica. Los cables ordinarios transmiten los datos a modo de impulsos de corriente eléctrica. La fibra óptica emplea un **láser** para codificar la señales como una secuencia rápida de impulsos de luz que después se envían por una banda estrecha de plástico o de vidrio. Esa configuración permite transmitir los datos a gran velocidad (hasta 100.000 millones de dígitos binarios, o bits, por segundo). Eso es miles de veces más rápido que con los cables estándar de cobre, con el beneficio añadido de que a la **fibra óptica** no le afectan las interferencias electromagnéticas o las pérdidas de resistencia (una señal eléctrica pierde energía cuando calienta el metal por el que se desplaza). Es probable que la fibra óptica encuentre más aplicaciones en el futuro, para transportar datos en el interior de procesadores de información de alta velocidad llamados **ordenadores cuánticos**.

Medios ópticos

Sin láseres no existirían los CD musicales, los DVD ni los Blu-ray con los que vemos películas en alta definición. Esos discos ofrecen una manera de grabar **información** que se conoce como «almacenamiento óptico de datos». Funciona imprimiendo diminutas depresiones en la superficie de un **disco reflectante**. Las depresiones (*pits*) están separadas por elevaciones (*lands*), y el espaciado preciso entre cada depresión y elevación es lo que codifica los datos como un secuencia binaria de unos y ceros. Para leer el disco se proyecta sobre él un láser mientras gira. Cuando el láser incide en una depresión o en una elevación, se refleja de vuelta en un sensor de luz, lo que corresponde a un valor de bit 0. Cada vez que la superficie del disco pasa de depresión a elevación o viceversa, el rayo reflejado **pierde momentáneamente el sensor de luz** y se lee un 1.

Fusión nuclear

Las centrales nucleares modernas se basan en el principio de la fisión nuclear (la **división de átomos pesados** con el fin de liberar energía). Existe otra forma de energía nuclear, la fusión, que consiste en unir átomos más ligeros (por ejemplo, de hidrógeno). Dado que el **hidrógeno** abunda en la Tierra (se halla presente en el agua), y que la fusión es mucho más segura que la fisión, muchos consideran que se trata de la fuente de energía del futuro. Un problema práctico, sin embargo, es el de las elevadas temperaturas (decenas de millones de grados) que se necesitan para poner en marcha el proceso. Una solución que se está investigando actualmente es la de utilizar rayos láser muy potentes para calentar y comprimir pequeñas esferas del **combustible de fusión**.

Resumen

El trabajo de Einstein sobre la emisión de luz por parte de los átomos lleva al físico americano Charles Townes a inventar el láser, que resulta tener una o dos aplicaciones.

Temas relacionados
véanse también
LA NATURALEZA DE LA LUZ
página 68
ENERGÍA
página 114
EL ENTRELAZAMIENTO CUÁNTICO
página 122

❝ Se me ha ocurrido una brillante idea sobre la absorción de radiación y la emisión. Le interesará. ❞

CARTA A SU AMIGO
MICHELE BESSO

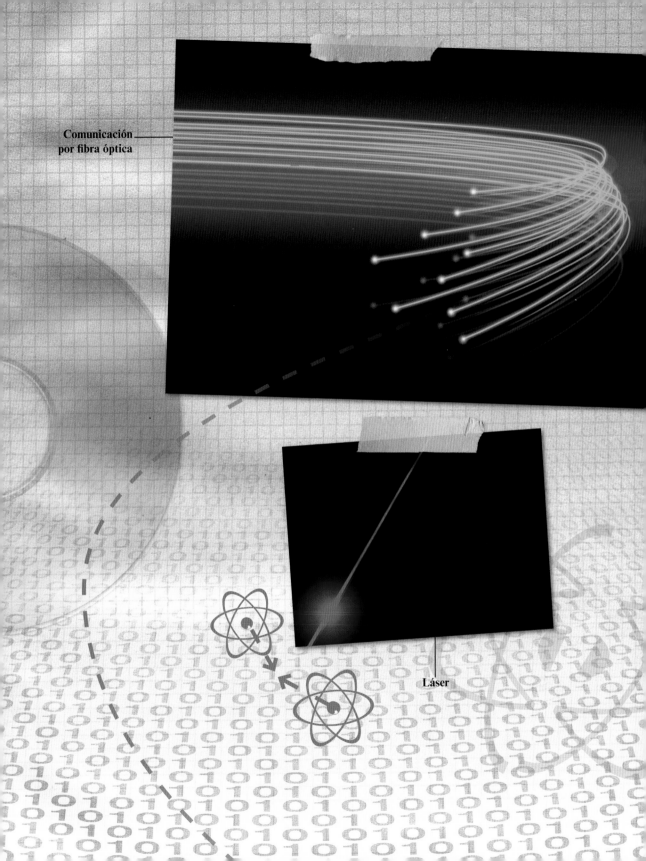

Comunicación por fibra óptica

Láser

Teorías modernas de la unificación

Teoría electrodébil

Existen cuatro fuerzas fundamentales en la naturaleza: la gravedad, el electromagnetismo, la fuerza nuclear fuerte y la fuerza nuclear débil (estas dos últimas actúan en el interior del núcleo de los átomos). En 1968, los físicos **Steven Weinberg, Abdus Salam** y **Sheldon Glashow** lograron unificar el electromagnetismo y la fuerza nuclear débil. En su modelo, conocido como teoría electrodébil, el electromagnetismo y la fuerza débil son sólo aspectos distintos de la misma física. Los experimentos realizados con aceleradores de partículas en la década de 1970 coincidieron con las predicciones de la teoría, lo que llevó a Weinberg, Salam y Glashow a recibir el **premio Nobel** de Física en 1979. Con todo, sigue faltando una pieza de la teoría: el esquivo **bosón de Higgs**, buscado con los aceleradores modernos.

Supersimetría

Las partículas subatómicas se dividen en dos grandes familias, conocidas como fermiones y bosones, según el valor de una propiedad cuántica conocida como **espín**. El espín de cada partícula se especifica mediante un número que puede ser entero, 1, 2, 3, etcétera (para los bosones), o semientero, 1/2, 3/2, 5/2 (para los fermiones). La idea de la supersimetría es que por cada bosón existe un fermión, y viceversa. Si la teoría es correcta, al principio del universo existieron todos esos **supercompañeros** hasta que los eventos destructores de la simetría los redujeron gradualmente hasta que quedó la pequeña selección de partículas que conocemos. La supersimetría (también conocida como SUSI) llama la atención de los físicos porque resuelve algunos de los **fallos matemáticos** de las candidatas a teorías de la unificación.

Teoría de cuerdas

La teoría de cuerdas es una candidata a teoría unificada de la física de partículas, pero sin las **partículas**: trata de diminutas «cuerdas» vibrantes de energía. La teoría fue planteada por primera vez a finales de la década de 1960 como una posible manera de eliminar las «divergencias», los **infinitos irreales** en los valores de las cantidades físicas (como las masas de las partículas) de otros modelos unificados. Algunos físicos pensaban que esas divergencias se debían al modelado de las partículas como puntos de tamaño cero, cuando en realidad deben tener cierto grado de extensión física. Como el modelo unificado de Kaluza-Klein, la teoría de cuerdas requiere unas dimensiones espacio-tiempo adicionales (en concreto seis) que hagan que la dimensionalidad total de nuestro universo sea de 10. Algunas versiones de la **teoría de cuerdas** también incluyen la supersimetría y hablan de «supercuerdas».

Resumen

Einstein pasó una buena parte de su vida intentando formular una descripción unificada de las fuerzas de la naturaleza. No lo consiguió. Los físicos de hoy lo siguen intentando.

Temas relacionados
véanse también
CONSECUENCIAS DE LA TEORÍA ESPECIAL
página 78
TEORÍA DE CAMPO UNIFICADO
página 100
ACELERADORES DE PARTÍCULAS
página 120

❝ La mente que se esfuerza por descubrir la unificación no puede estar satisfecha de que existan dos campos que, por su naturaleza, son independientes. ❞

Aceleradores de partículas

La búsqueda de una teoría unificada

A pesar de los esfuerzos de los científicos por deducir un modelo unificado que abarcase las cuatro fuerzas de la naturaleza, en la actualidad todas sus teorías siguen **sin ser demostradas**. De hecho, no existen pruebas convincentes de que la física esté unificada. Para intentar comprender mejor el problema, los físicos utilizan aceleradores de partículas, máquinas con **potentes imanes** que hacen girar partículas con carga eléctrica a velocidad muy cercana a la de la luz y chocar entre ellas. El estudio de los fragmentos que salen despedidos tras las **colisiones** ofrece información sobre el verdadero funcionamiento del mundo de las partículas.

Gran colisionador de hadrones

El acelerador de partículas más potente del mundo es el gran colisionador de hadrones. Se encuentra en el laboratorio CERN, en la frontera francosuiza. El acelerador adopta la forma de un anillo subterráneo gigante de **27 kilómetros** de circunferencia, alrededor del cual circulan las partículas aumentando su velocidad. A la velocidad máxima, las partículas pasan por el bucle 11.000 veces por segundo (se quedan a 3 metros de alcanzar la velocidad de la luz). El número de partículas que circulan en cada momento es lo suficientemente pequeño como para caber en un grano de arena, pero a esa velocidad la energía que acumulan es equivalente a la **fuerza explosiva** de casi 180 kilos de TNT. Entre sus diversos objetivos, el GCH busca partículas anunciadas por la supersimetría, las dimensiones extra esenciales para los modelos de unificación como la teoría de cuerdas, y el bosón de Higgs necesario para la **unificación electrodébil**.

El bosón de Higgs

Uno de los principales objetivos del GCH es hallar el bosón de Higgs, el único elemento que falta en la teoría electrodébil. La partícula fue mencionada a principios de la década de 1960 por el físico británico **Peter Higgs**. Su idea era que los bosones de Higgs inundan todo el espacio, y que sus interacciones con ese campo de partículas aportan la **masa** al resto de la materia del universo. Ese mecanismo es esencial en la teoría electrodébil para explicar por qué las partículas del campo electromagnético (fotones) no tienen masa, mientas que las de la interacción débil (conocidas como W y Z) se encuentran entre las más pesadas que se conocen. No obstante, encontrar pruebas del bosón de Higgs es difícil porque su propia masa es muy alta (al menos 1,5 veces más que la masa de una partícula W). Como demostró Einstein, la masa y la energía son equivalentes; por tanto, crear partículas con la masa muy alta requiere un acelerador de partículas muy potente. Y aquí es donde entra el **GCH**.

Resumen

La teoría especial de la relatividad es la física del movimiento rápido. Y nada en la Tierra se mueve más rápido que las partículas en el interior de unas enormes máquinas experimentales conocidas como aceleradores.

Temas relacionados
véanse también
TEORÍA DE CAMPO UNIFICADO
página 100
TEORÍAS MODERNAS DE LA UNIFICACIÓN
página 118

❝ *Observa la naturaleza con atención y lo entenderás todo mejor.* ❞

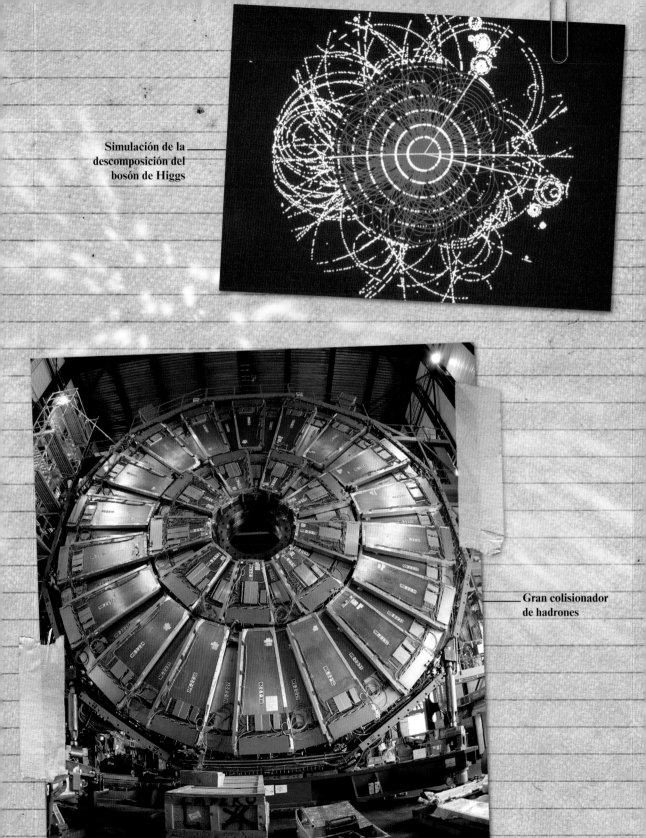

Simulación de la
descomposición del
bosón de Higgs

Gran colisionador
de hadrones

El entrelazamiento cuántico

Comunicación segura

Einstein fue el primero en hablar del entrelazamiento cuántico, utilizando este aparente absurdo para afirmar que la teoría cuántica es incorrecta. Hoy se sabe que es muy real. Un par de partículas cuánticas entrelazadas permanecen **unidas** por muy separadas que estén (supongamos que se encuentran en lados opuestos del cosmos: si una se mueve, la otra también). En 1984, investigadores de IBM utilizaron esta idea como la base para un **sistema de comunicación cuántica** a prueba de espías. La incertidumbre cuántica hace que un espía que intente escuchar un mensaje enviado a través de un canal entrelazado altere el mensaje y revele así su presencia. Si el mensaje es una **clave encriptada privada** que se utilizará para codificar futuros mensajes, la comunicación cuántica garantiza que la clave sólo la vean sus receptores; si se detecta un espía, la clave se cancela y se envía una nueva.

Teletransportación

En 1997, los físicos experimentales de la **Universidad de Innsbruck** (Austria) utilizaron el entrelazamiento cuántico para teletransportar una partícula subatómica en su laboratorio. Durante años se pensó que la posibilidad de la teletransportación estaba gobernada por la incertidumbre cuántica, que impide medir el estado exacto de una partícula subatómica. Sin embargo, el entrelazamiento permite transmitir información que no se haya medido. Tomemos dos partículas entrelazadas, A y B. Las separamos. Una tercera partícula, C, que interactúa con A transfiere información sobre su estado a A, y ésta, por la acción del entrelazamiento, es **teletransportada** a B. Una cuarta partícula, D, que interactúa con B, puede situarse en el mismo estado que la C original. Este esquema se ha verificado en distancias de hasta **16 kilómetros**.

Ordenadores cuánticos

La teletransportación se utilizará para transferir información dentro de los ordenadores cuánticos. Se trata de máquinas (actualmente en **fase experimental**) que almacenan y manipulan datos utilizando procesos cuánticos en lugar de las leyes clásicas (o no cuánticas) de los **ordenadores** actuales. Si un ordenador clásico procesa la información como bits (dígitos binarios con valor 1 o 0), un computador cuántico utiliza qubits que pueden ser 1 y 0 a la vez. Eso es posible porque los sistemas cuánticos pueden encontrarse en dos estados simultáneamente. Un byte cuántico, compuesto por 8 qubits, puede presentar **256 estados distintos** al mismo tiempo (y todos pueden ser procesados en una única operación cuántica).

Resumen

Las divagaciones burlescas de Einstein sobre la teoría cuántica le impiden reconocer que dicha teoría sentará las bases de los códigos indescifrables, los teletransportadores tipo Star Trek y los ordenadores que hacen que los mejores de hoy parezcan reglas de cálculo.

Temas relacionados
véase también
EL MUNDO CUÁNTICO
página 96

« La física debería representar una realidad en el tiempo y el espacio, sin acciones fantasmagóricas a distancia. »

Paradojas de la relatividad

La paradoja de los gemelos

Imagine dos hermanos gemelos en la Tierra. Si uno sube a bordo de una **nave espacial** y viaja durante varios años a una velocidad próxima a la de la luz, a su regreso descubrirá que ha **envejecido menos** que el gemelo que se ha quedado en tierra. Se debe al efecto de la dilatación del tiempo de la teoría especial. Sin embargo, el principio de la relatividad de Einstein afirma que todos los sistemas de referencia son equivalentes. En ese caso, deberíamos poder ver la cuestión desde la perspectiva del viajero en el tiempo. En ese caso, son su hermano y la Tierra los que parecen volar a casi la velocidad de la luz. Entonces, ¿el gemelo que se queda en tierra firme no debería ser el que regresa **más joven**? Esta es la paradoja de los gemelos.

La paradoja del granero y la pértiga

Imagine a un saltador con pértiga capaz de correr a casi la **velocidad de la luz**. Con relación a un observador inmóvil, la pértiga se acorta debido a la contracción de la longitud. Ahora imagine que el saltador atraviesa un **granero** abierto por los dos extremos. El observador comprueba que, aunque la pértiga es más larga que el granero, el acortamiento hace que tenga la **misma longitud** (por tanto, las puertas de los extremos del granero podrían cerrarse por una fracción de segundo). Sin embargo, en el sistema de referencia del saltador, la pértiga no se acorta y, por tanto, sigue siendo más larga que el granero. En ese caso, ¿cómo es posible cerrar las puertas?

Las paradojas dejan de serlo

La resolución de la paradoja de los gemelos radica en el hecho de que la teoría especial en realidad sólo exige sistemas de referencia equivalentes no acelerados. Y la nave espacial tiene que **acelerar**, primero a gran velocidad; después, detenerse, y más tarde, acelerar de nuevo para el viaje de regreso, y detenerse una vez más. Esa secuencia crea una **asimetría** que significa que los dos sistemas (la Tierra y la nave) no son equivalentes. La conclusión es que el gemelo de la nave es el que regresa más joven. La paradoja del granero y la pértiga se resuelve recordando que en la relatividad, los hechos simultáneos para un observador no lo son necesariamente para otro. Por tanto, mientras que el observador inmóvil ve cómo se cierran las dos puertas al mismo tiempo, el saltador ve cómo se cierra la que tiene delante y vuelve a abrirse antes de que la pértiga la toque, mientras que la puerta de detrás se cierra cuando el extremo posterior de la pértiga ha pasado. Por tanto, **no hay paradoja**.

Resumen
Desde la perspectiva del sentido común, muchos de los resultados de la relatividad parecen paradójicos al principio. La solución es sencilla: deja tu sentido común en la entrada.

Temas relacionados
véanse también
FUNDAMENTOS DE
LA TEORÍA ESPECIAL
página 74
TEORÍA ESPECIAL
DE LA RELATIVIDAD
página 76

❝Una nueva idea surge de manera repentina e intuitiva. Pero la intuición no es más que el resultado de la experiencia intelectual anterior.❞

¿La relatividad está equivocada?

Teorías escalar-tensor

El éxito de la teoría general de la relatividad no ha impedido que se siga intentando mejorarla. En 1961, los físicos estadounidenses **Robert Dicke** y **Carl Brans** plantearon una teoría que complementa el campo tensorial de la teoría general de la relatividad (especificado por una matriz de números en cada punto del espacio) con un campo escalar, un nuevo componente de la gravedad que se especifica mediante un solo número adicional en cada punto. Las **pruebas experimentales** descartaron la validez de la idea de Brans-Dicke, aunque sentaron las bases de toda una corriente de modelos similares conocidos como **teorías del escalar-tensor** (motivadas por la aparición de campos escalares en los numerosos intentos de unificar las fuerzas de la naturaleza).

TeVeS

Existe otro tipo de campo que se encuentra entre los escalares y los tensores. Un campo vectorial viene dado por una serie de números en cada punto del espacio, un número por cada dimensión del mismo. Por ejemplo, la velocidad de un **líquido en movimiento** es un campo vectorial; tres números en cada punto dentro del líquido dan su velocidad y su dirección en cada una de las tres dimensiones del espacio. En 2004, el físico **Jacob Bekenstein**, de la Universidad Hebrea de Jerusalén, añadió un componente vectorial a la gravedad para crear una **teoría tensor-vector-escalar**, o TeVeS. Bekenstein afirma que su teoría elimina la necesidad de la «materia oscura» en el universo (materia invisible en el espacio cuya presencia hasta ahora sólo se ha deducido por su efecto gravitatorio sobre los objetos brillantes). Bekenstein añadió que la teoría supera otras pruebas experimentales. Sin embargo, otros físicos se muestran escépticos y la teoría sigue siendo **discutible**.

Gravedad cuántica

La mayoría de los físicos coinciden en que la teoría general de la relatividad no puede ser la **última palabra** sobre la gravedad. Y eso es así porque no tiene en cuenta la teoría cuántica, la rama de la física que gobierna la conducta de lo más pequeño. La teoría general de la relatividad tal como la conocemos hoy describe el universo con precisión, pero no siempre fue así. Los astrónomos saben que el **espacio se expande**. Si retrocedemos en el tiempo, llega un punto (hace unos 13.700 millones de años, según los mejores cálculos) en que el universo era del tamaño de un átomo, y, por tanto, tuvo que haber obedecido las leyes cuánticas. Por tanto, se necesita una teoría de la gravedad cuántica para describir ese **Big Bang** que dio comienzo al espacio y al tiempo.

Resumen

A pesar de haber pasado todas las pruebas experimentales a las que se ha sometido, la mayoría de los científicos coinciden en que la teoría general de la relatividad tiene que estar equivocada.

Temas relacionados
véanse también
TEORÍA GENERAL
DE LA RELATIVIDAD
página 82
TEORÍAS MODERNAS
DE LA UNIFICACIÓN
página 118

« *Ninguna cantidad de experimentación puede probar definitivamente que tengo razón; pero un solo experimento puede probar que estoy equivocado.* »

Big Bang

Cálculo de teoría cuántica

x_1P_1 KK x_2P_2 P_2

Más rápido que la luz

Taquiones

La teoría especial de la relatividad afirma que nada puede viajar más rápido que un **rayo de luz**. ¿O sí? De hecho, lo que dice es que nada puede cruzar la barrera de la luz (por arriba o por abajo). Y, dado que nosotros, y las cosas que vemos a nuestro alrededor, nos **movemos más lentamente** que la luz, interpretamos esa barrera como el límite de velocidad máximo. Pero también significa que los objetos que nacen moviéndose más rápido que la luz nunca podrán ir más lentos que la velocidad de ésta. Los físicos han especulado sobre la existencia de un tipo de **partícula subatómica** con esa propiedad: el taquión. Dado que los taquiones viajan más rápido que la luz, es imposible verlos cuando se acercan, pero sí veríamos dos imágenes después de su paso: una que se acerca y otra que retrocede. Se han llevado a cabo búsquedas experimentales de taquiones, pero no se ha encontrado ninguno.

Impulso de deformación

En 1994, el físico mexicano **Miguel Alcubierre** demostró matemáticamente que, si bien nada puede cruzar la barrera de la luz en el espacio plano de la teoría especial de la relatividad, en el espacio-tiempo curvado de la teoría general casi cualquier cosa es posible. En particular, calculó cómo **curvar y estirar** el espacio en torno a un viajero de manera que por delante se contrae rápidamente, mientras que por detrás se expande a la misma velocidad (arrastrando así al viajero rápidamente hacia su destino). En la teoría general de la relatividad, el espacio se deforma en función de la materia situada en su interior. Por desgracia para los fans de *Star Trek*, el impulso de deformación de Alcubierre requiere masas planetarias y de un tipo de materia tan rara que los físicos la conocen como «materia exótica». Sólo se ha conseguido obtener en laboratorios en **cantidades ínfimas**.

Transporte en agujeros de gusano

Otra manera de viajar más rápido que la luz es en un agujero de gusano, un **túnel en el espacio** y el tiempo mencionado por primera vez por Einstein y varios colegas en la década de 1930. En principio, dos regiones del universo separadas por una **gran distancia** pueden conectarse mediante un agujero de gusano relativamente corto que actúa como un atajo rápido entre ellos. Si el agujero de gusano es lo suficientemente corto, una nave espacial que viajase por él llegaría a su destino **más rápida que un rayo de luz** que viajase por el espacio ordinario (así, la nave viaja más rápido que la luz). Sin embargo, como en el impulso de deformación, los cálculos sugieren que los agujeros de gusano necesitan enormes cantidades de materia exótica para funcionar.

Resumen

El límite de velocidad cósmica que Einstein estableció en la teoría especial de la relatividad se convierte en una imagen desdibujada en el espejo retrovisor (gracias, en parte, al propio Einstein).

Temas relacionados
véanse también
CONSECUENCIAS DE LA TEORÍA ESPECIAL
página 78
AGUJEROS NEGROS
página 92

« *Todos sabemos que la luz viaja más rápido que el sonido. Por eso, algunas personas parecen brillar hasta que las oímos hablar.* **»**

Agujero de gusano

Viajes en el tiempo

Hacia el futuro

Los viajes en el tiempo son un tema habitual de la **ciencia ficción**. No obstante, ya se ha demostrado que viajar en una dirección (hacia el futuro) es posible. Todos somos viajeros en el tiempo: nos dirigimos hacia el **futuro** a una velocidad de un minuto por minuto. La teoría especial de la relatividad de Einstein demostró que es posible aumentar esa velocidad. La dilatación del tiempo afirma que si viajamos muy rápido, el tiempo para nosotros se ralentiza en relación a un observador inmóvil (por ejemplo, en la Tierra). Supongamos que viajamos en una nave al 90 % de la velocidad de la luz: en ese caso, por cada minuto que pasa en nuestro reloj, pasarán dos minutos en un reloj situado **en la Tierra**. En otras palabras, viajamos hacia el futuro de la Tierra a dos minutos por minuto de nuestro propio tiempo.

Hacia el pasado

Lo complicado de los viajes en el tiempo es volver al tiempo actual: nadie sabe con certeza cómo viajar al pasado, ni si es **posible** hacerlo. Algunos físicos incluso creen que está más allá de lo posible debido a las paradojas de viajar hacia atrás y encontrarse con **el propio yo más joven**. Otros abrazan con entusiasmo la idea y han creado todo tipo de esquemas teóricos de máquinas del tiempo explotando la libertad de curvar el tiempo que proporciona la teoría general de la relatividad. Entre esas ideas figuran los universos rotativos, los agujeros de gusano, las longitudes de energía en colisión conocidas como «**cuerdas cósmicas**» e incluso un plan para construir una máquina del tiempo a partir de remolinos de rayos de luz.

Más rápido que el tiempo

Un truco que utilizan los físicos para construir máquinas del tiempo teóricas es una propiedad matemática de la relatividad que se basa en que cualquier esquema para viajar más rápido que la luz siempre puede convertirse en una máquina del tiempo **al observarlo** desde un sistema de referencia en movimiento. La idea se basa en la visión distorsionada de la «simultaneidad» en la relatividad (dos hechos que parecen simultáneos para un observador ocurren en momentos distintos cuando son vistos por otro observador que se mueve de manera diferente al primero). Supongamos que es posible viajar de manera instantánea entre dos puntos en el espacio de manera que la salida y la llegada al destino ocurran **simultáneamente** (eso es, definitivamente, más rápido que la luz). Así, para alguien que se mueva con la velocidad suficiente, sería posible la simultaneidad para ver la llegada antes que la partida. En otras palabras, nos verían **viajar hacia el pasado**.

Resumen

Las teorías de Albert Einstein no sólo abren las puertas a los viajes superrápidos por el abismo del espacio, sino también a los viajes hacia el pasado a través de la neblina del tiempo...

Temas relacionados

véanse también

TEORÍA ESPECIAL DE LA RELATIVIDAD
página 76

¿ES POSIBLE VIAJAR EN EL TIEMPO?
página 132

❝ La gente como nosotros, que cree en la física, sabe que la distinción entre pasado, presente y futuro es sólo una ilusión persistente. ❞

¿Es posible viajar en el tiempo?

Paradojas de los viajes en el tiempo

La principal objeción a los viajes en el tiempo es la idea de que se podría regresar al pasado y **cambiar la historia**. En casos extremos incluso podría poner en cuestión nuestra propia existencia, como en la película *Regreso al futuro*, en la que el protagonista, Marty McFly, regresa a 1955 y evita sin saberlo el primer encuentro fortuito entre sus padres... lo que habría significado que él no existiría y, por tanto, no habría podido regresar al pasado y evitar el encuentro de sus padres, de manera que sí existiría, y así sucesivamente. Es lo que se conoce como «**paradoja de los viajes en el tiempo**». Otra paradoja sería que un anciano **William Shakespeare** retrocediese en el tiempo y regalase todas sus grandes obras a su yo más joven, que las copiaría y las publicaría. En ese caso, ¿de dónde habría salido la inspiración de las obras de Shakespeare?

Soluciones modernas

Algunos físicos ingeniosos proponen subterfugios para superar las paradojas de los viajes en el tiempo. Uno de ellos utiliza una idea de la teoría cuántica: que nuestro universo es uno más de un **multiverso** en expansión de universos paralelos. Según ese planteamiento, cualquiera que retroceda en el tiempo viaja en realidad al pasado de uno de esos **universos paralelos** y, por tanto, deja la historia intacta en el universo del que procede. Otra de las ideas se conoce como «autoconsistencia». Afirma que cada vez que surge el potencial para una paradoja de viaje en el tiempo, la naturaleza encuentra su propia autoconsistencia en el curso de los hechos. Aunque puede parecer arbitrario, los científicos han encontrado apoyo para la autoconsistencia en cálculos basados en el llamado «principio de la mínima acción», un principio clave de la **física teórica**.

Conjetura de protección de la cronología

Estos intentos de esquivar las paradojas de los viajes en el tiempo no impresionan al profesor **Stephen Hawking**, de la Universidad de Cambridge. Está tan convencido de que los viajes en el tiempo son imposibles que ha inventado un principio científico: la conjetura de protección de la cronología, que «mantendrá el mundo a salvo para los historiadores». Todavía no se ha encontrado una base física para la conjetura. No obstante, Hawking sospecha que durante el proceso de creación, cualquier máquina del tiempo amplificaría diminutas fluctuaciones de energía cuántica, que inundan todo el espacio, y las haría **infinitamente grandes** hasta el punto de que destruirían la propia máquina del tiempo antes de que pudiese ser utilizada. Para probar o rebatir la teoría, sin embargo, habrá que esperar que surja una teoría operativa de la **gravedad cuántica**.

Resumen
La idea de que la teoría general de la relatividad podría permitir los viajes en el tiempo desencadena un encendido debate sobre la posible existencia de las máquinas del tiempo en el mundo real.

❝ Nunca pienso en el futuro. Llega demasiado pronto. ❞

William Shakespeare en su juventud

William
Shakespeare
en su madurez

Interpretación visual del «multiverso»
de universos paralelos

Los nuevos agujeros negros

Carga y rotación

El físico alemán **Karl Schwarzschild** fué el autor de la primera descripción matemática de un agujero negro en 1917. Algunos físicos se dieron cuenta rápidamente de que existían otras variedades más complicadas. Hans Reissner y Gunnar Nordström fueron los primeros cuando modificaron la solución de Schwarzschild para describir un **agujero negro** con carga eléctrica. Los agujeros negros de Reissner-Nordström son especialmente susceptibles a formar agujeros de gusano. En 1963, el matemático Roy Kerr resolvió la ecuación de Einstein para un agujero negro **en movimiento giratorio**. Si la solución de Reissner-Nordström suponía una pequeña corrección del planteamiento de Schwarzschild, la de Kerr era mucho más compleja. Dos años más tarde, el físico americano Ted Newman generalizó las dos soluciones en la descripción de un agujero negro con carga y rotación.

El proceso de Penrose

Los agujeros negros de la solución de Kerr tenían una propiedad muy interesante. En 1969, el matemático **Roger Penrose**, de la Universidad de Oxford, se dio cuenta de que los agujeros negros giratorios debían arrastrar el espacio y el tiempo que les rodean, un ejemplo de **efecto de arrastre**. En las condiciones extremas que rodean a un agujero negro, el efecto se multiplica, de manera que sería posible moverse en el espacio en movimiento cerca del agujero negro y extraer la energía de él. Penrose incluso imaginó una **civilización extraterrestre** avanzada capaz de establecerse cerca de uno de esos agujeros negros y utilizar su energía como fuente.

La radiación de Hawking

Si el descubrimiento de Penrose fuese correcto, los agujeros negros giratorios ya no serían embudos largos en una dirección que absorben continuamente la materia y la energía del universo: también podrían devolver parte de esa materia y energía. En 1974, otra investigación sugirió que ése podría ser el caso de todos los agujeros negros. Stephen Hawking recurrió a la teoría cuántica para demostrar que deberían emitir un flujo uniforme de partículas y **radiación**. La idea de Hawking surgió de la **incertidumbre cuántica**, según la cual los pares de «partículas virtuales» pueden aparecer y desaparecer en escalas de tiempo muy cortas. Algunas de esas partículas caerían en el horizonte de sucesos exterior del agujero negro y serían tragadas, mientras que sus compañeras tendrían la energía suficiente para escapar. Estas últimas constituyen la radiación de Hawking. La cantidad de radiación emitida es más grande para los agujeros negros pequeños y puede hacer que los de menor tamaño se **evaporen**.

Resumen

El período comprendido entre 1960 y 1975 se conoce como la «edad de oro de la relatividad general», en parte debido al auge de los descubrimientos teóricos relativos a la naturaleza de los agujeros negros.

Temas relacionados
véanse también
CONSECUENCIAS DE LA TEORÍA GENERAL
página 86
AGUJEROS NEGROS
página 92
EL MUNDO CUÁNTICO
página 96

‹‹ *La cosa más hermosa que podemos experimentar es el misterio.* **››**

Roger Penrose

Agujero negro

Astrofísica

Estrellas de neutrones

Pronto quedó patente que los agujeros negros no son los únicos objetos extraños del universo. Se cree que se forman durante la muerte de una gran estrella en una explosión colosal conocida como «**supernova**». Parece ser que las grandes presiones que se dan en el interior de la estrella durante la explosión compriman su núcleo hasta alcanzar una densidad que lo obliga a convertirse en un agujero negro. Es así porque no existe una fuerza en la naturaleza lo suficientemente grande como para soportar el núcleo frente al colapso. Sin embargo, cuando la estrella que explota pesa menos de unas 10 veces la masa del Sol, la fuerza de la **implosión** es menor y las fuerzas mecánicas cuánticas entre las partículas de neutrones estabilizan el núcleo, formando un objeto llamado «**estrella de neutrones**». Es extraordinariamente densa, y la masa del Sol estaría contenida en una esfera de sólo 10 km de diámetro.

Microlentes

En 1936, Albert Einstein introdujo el concepto de **lente gravitacional** (la acción de la curvatura de la luz de galaxias distantes debido a la gravedad de las galaxias o de los grupos de galaxias participantes). Las lentes gravitacionales también pueden tener lugar a escala mucho más pequeña: por ejemplo, cuando la **luz de una estrella** sufre el efecto lente de la gravedad de un planeta que se desplaza por delante de ella. Se conoce como «**microlente**» y, de hecho, es un método para detectar esos pequeños objetos oscuros que no despiden luz por sí mismos. Cuando un planeta pasa por delante de una estrella, enfoca la luz de la misma y hace que brille por un momento. El primer evento de microlente de ese tipo fue observado por los astrónomos en 1993. En la actualidad se emplea esa técnica para buscar **planetas extrasolares** y estrellas «fallidas» (conocidas como enanas marrones).

Astronomía de los rayos cósmicos

Los rayos cósmicos no son «rayos» en absoluto. Se trata de **partículas subatómicas** superrápidas del espacio exterior que chocan con la atmósfera de la Tierra. Pueden ser portadoras de una enorme cantidad de energía (un solo **rayo cósmico** tiene la misma que un saque rápido de tenis, pero concentrada en una partícula diminuta). Se estudian con detectores de partículas a nivel del suelo que recogen no sólo los rayos cósmicos en sí, sino también los restos de sus colisiones con átomos de gas en la atmósfera, que llegan hasta el suelo en las llamadas **cascadas atmosféricas**. Esos detectores son posibles gracias a la relatividad. De no ser por la dilatación relativista del tiempo, la mayoría de los fragmentos se desintegrarían mucho antes de llegar al suelo.

Resumen
Las teorías de la relatividad de Einstein aportan a los científicos las herramientas necesarias para desvelar los misterios del espacio profundo y arrojar luz sobre la muerte de las estrellas y el descubrimiento de planetas invisibles.

Temas relacionados
véanse también
TEORÍA ESPECIAL DE LA RELATIVIDAD
página 76
AMPLIACIÓN DE LA TEORÍA GENERAL
página 90
AGUJEROS NEGROS
página 92

Todavía no conocemos una milésima parte del uno por ciento de lo que nos ha revelado la naturaleza.

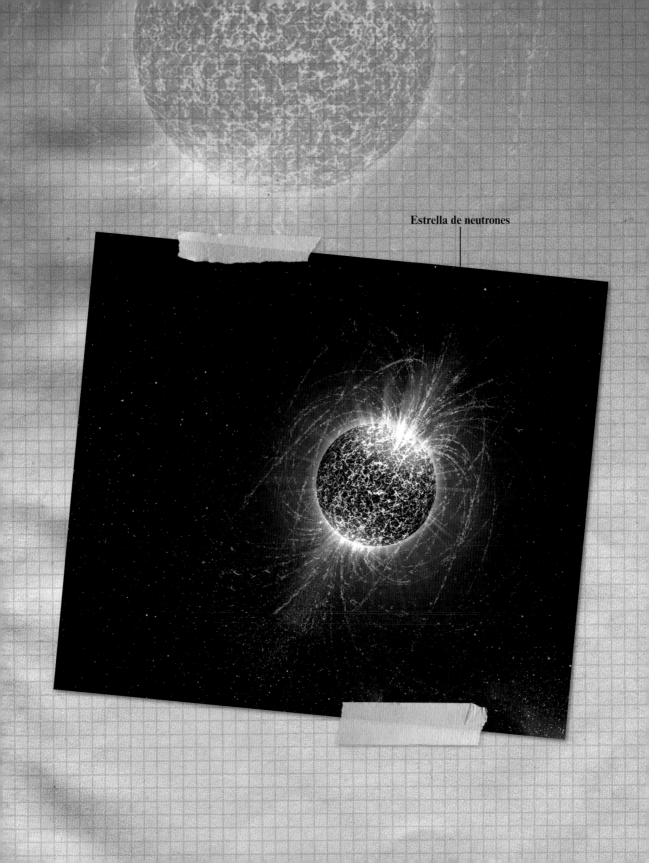

Estrella de neutrones

Cosmología moderna

Energía oscura

En la década de 1920, los astrónomos descubrieron que el universo se expande. La mayoría de los teóricos pensaban que esa expansión se iría ralentizando progresivamente debido a la atracción gravitatoria de la materia del universo. En la década de 1990, sin embargo, las **observaciones astronómicas** mostraron que las galaxias distantes no se alejan a la velocidad que deberían en comparación con las galaxias más próximas a la Tierra. Dado que la luz viaja a una velocidad finita, las galaxias distantes se veían como eran cuando el universo era más joven. Así, las observaciones mostraron que en realidad la expansión del universo **se acelera**. Se propuso como causa la existencia de un campo de energía invisible que ocupa todo el espacio (conocido como «energía oscura»). Desde el punto de vista matemático, parece idéntica a la constante cosmológica que Einstein planteó y que después descartó como su «mayor error». Se cree que la energía oscura constituye el **74 %** de la masa-energía total del universo.

Inflación

De hecho, la constante cosmológica ya se había recuperado unos años antes. Durante la década de 1970, los cosmólogos observaron que varios de los problemas de la **teoría del Big Bang** (como, por ejemplo, el motivo por el que los lados opuestos del cielo nocturno parecen más o menos iguales) podrían resolverse fácilmente si el espacio hubiese pasado por una fase de **expansión ultrarrápida** durante la primera fracción de segundo posterior a la creación. Ese período de crecimiento acelerado se bautizó como «inflación». Si la inflación realmente fuese una característica de nuestro universo, habría terminado 10^{-32} de un segundo después del Big Bang.

Topología cósmica

Einstein fue el primero en investigar la posibilidad de que nuestro universo fuese **esférico** (con su espacio curvado en una gran bola por los efectos distorsionadores de la teoría general). Desde entonces, los cosmólogos han considerado diversas posibilidades respecto a la forma del cosmos. El espacio y el tiempo podrían tener forma de rosquilla, torsionados como una **banda de Möbius** o anudados en una forma todavía más compleja. Los matemáticos denominan «topología» al estudio de estas formas. Los modelos teóricos del universo que cuentan con esa propiedad envolvente (se sale por un lado para volver a entrar por el otro) se conocen como **universos multiconectados**. En 2003, los astrónomos del Observatorio Paris Meudon hallaron pruebas de que nuestro universo podría ser uno multiconectado, con una forma similar a un dodecaedro. La idea es que si salimos por una cara, reaparecemos en la opuesta.

Resumen

Los científicos adoptan las divagaciones de Einstein y plantean la posibilidad de una expansión cósmica superrápida y la idea de que el espacio se parece a una rosquilla.

Temas relacionados

véanse también
COSMOLOGÍA
página 98
LOS MAYORES ERRORES
página 104

《 *Vemos un universo maravillosamente dispuesto y que obedece a determinadas leyes, pero sólo entendemos muy vagamente esas leyes.* **》**

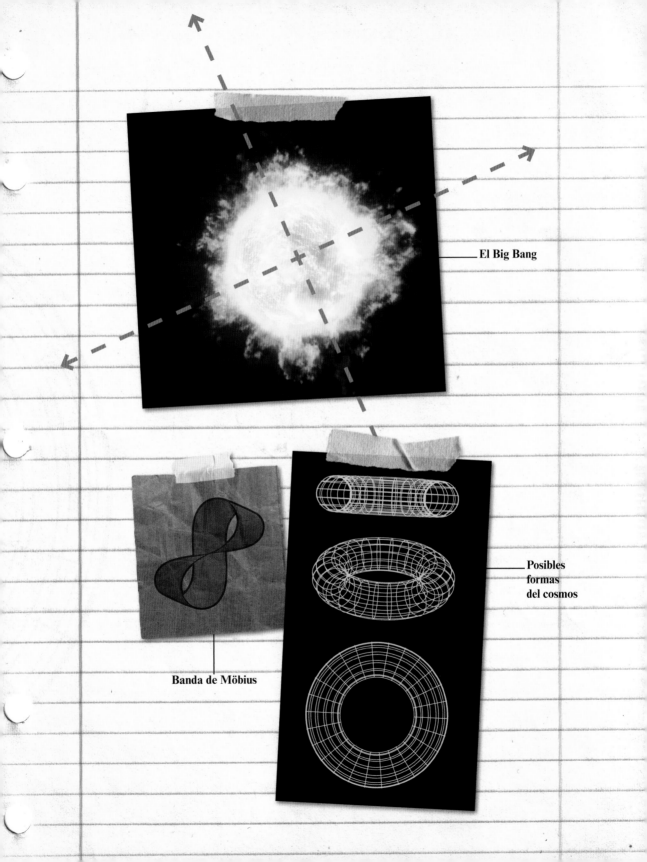

El Big Bang

Banda de Möbius

Posibles
formas
del cosmos

Descubrimientos epónimos

El asteroide Einstein

Para cualquier entusiasta del espacio, es un privilegio tener un asteroide con su nombre. Pero si se trata de alguien que ha contribuido tanto a la comprensión del universo como hizo Einstein, el honor es supremo. El **asteroide 2001 Einstein** fue descubierto en 1973 por el astrónomo suizo Paul Wild. Orbita en el cinturón principal, entre Marte y Júpiter, y forma parte de la familia **Hungaria**, situada en el extremo más interior del cinturón. Orbita alrededor del Sol aproximadamente una vez cada 2,5 años. El autor de ciencia ficción y futurólogo sir Arthur C. Clark bromeó en una ocasión al afirmar que el Asteroide 2001 debería llevar su nombre por su novela *2001 Una odisea del espacio*. El honor se lo llevó Einstein, aunque sir Arthur no se iría con las manos vacías: en 1981, el **Asteroide 4923** recibió el nombre de Clarke en su honor.

Einstenio

El elemento químico que más tarde recibiría el nombre de einstenio se observó por primera vez en 1952. Se trata de un nombre muy adecuado tras ser hallado en los restos de la explosión de la primera prueba de la **bomba de hidrógeno**. El einstenio es un elemento muy radiactivo (y altamente tóxico). Cuenta con 99 protones en su núcleo, y con 153 neutrones en su forma más estable. Esto lo convierte en un elemento **extremadamente pesado** (más que el uranio utilizado en las plantas de fisión nuclear). Dadas sus propiedades, es una suerte que el einstenio **no exista en la naturaleza**, sino que se obtenga en el interior de reactores nucleares (o por la acción de explosiones) al bombardear muestras de plutonio con neutrones. El elemento no tiene aplicaciones prácticas; se estudia únicamente con fines de investigación.

La cruz de Einstein

El tributo más adecuado a Einstein tal vez sea un cuásar en la constelación de Pegaso que se conoce como «**cruz de Einstein**». Los cuásares son galaxias muy brillantes que se encuentran en el extremo del universo observable. La cruz de Einstein se halla a unos **8.000 millones de años luz** de la Tierra, mientras que el cuásar conocido más alejado se encuentra a 12.700 millones. La cruz de Einstein es especial porque se trata de un ejemplo de lente gravitacional, un campo en el que el propio Einstein realizó una investigación pionera. Se pueden ver cuatro imágenes del cuásar (dispuestas en forma de cruz) debido al efecto lente de una galaxia intermedia en la línea de visión desde la Tierra conocida como **lente de Huchra**.

Resumen
Muchos personajes destacados dan nombre a descubrimientos. Einstein no es una excepción. Un asteroide, un elemento radiactivo y un cuásar a una distancia vertiginosa llevan su apellido.

Temas relacionados
véanse también
AMPLIACIÓN DE
LA TEORÍA GENERAL
página 90
ENERGÍA
página 114

❝ Es extraño que te conozcan en todo el mundo y al mismo tiempo estar tan solo. ❞

Ursa Major

Pegasus

Cruz de Einstein

Leo

Orion

Gemini

Einstenio, producto de una bomba de hidrógeno

Leo Mi

Los nuevos Einstein

Richard Feynman

El físico americano Richard Feynman participó activamente en el **proyecto Manhattan** para desarrollar la bomba atómica en Estados Unidos. Su principal contribución a la física llegó a finales de la década de 1940, cuando colaboró en el desarrollo del trabajo de Paul Dirac para crear una teoría cuántica de la interacción entre campos electromagnéticos y partículas con carga (electrodinámica cuántica o EDC). Como Einstein, Feynman fue un excéntrico y un **pensador original**. Y también como él empezó a hablar tarde (a los tres años de edad). Tal vez por eso, a los dos les gustaba resolver problemas de física mediante el pensamiento con imágenes: Einstein, con sus experimentos mentales; Feynman, con el **sistema de diagramas** que inventó para llevar a cabo cálculos de teoría cuántica.

Stephen Hawking

El físico británico Stephen Hawking probablemente sea la primera persona en la que muchos pensaríamos si nos preguntasen por el **sucesor de Einstein**. No sólo es un genio, sino que también se centra en los campos que interesaron a Einstein: la gravitación y la cosmología. En la década de 1970, Hawking descubrió que los agujeros negros pueden irradiar partículas cuánticas. Su **rechazo** a la idea de los viajes en el tiempo es similar al de Einstein por la teoría cuántica. Hawking ha reflexionado sobre el Big Bang y afirma que el universo podría ser ilimitado, no sólo en el espacio, sino también en el tiempo (es la llamada «**propuesta de ausencia de límites**»). También ha investigado la unificación de la gravedad y la cosmología.

Edward Witten

No es muy conocido, pero son muchos los que le consideran el físico en activo más importante. El estadounidense Edward Witten ha aportado ideas fundamentales a la teoría de cuerdas y a la **teoría M**, en la que las cuerdas unidimensionales son sustituidas por «membranas» de dimensión más alta (una teoría que formuló en 1995). Se ocupa especialmente en los modelos de unificación y en la búsqueda de una teoría de la gravedad cuántica. Witten recibió la medalla Fields de Matemáticas en 1990, la **medalla Nacional de Ciencias de Estados Unidos** en 2002 y la medalla Isaac Newton en 2010, entre otros honores. Y todo apunta a que más pronto que tarde ganará el premio Nobel. Por todo ello, no deja de sorprender que Witten no empezase su carrera profesional como físico, sino como periodista. Cuando contaba con poco más de veinte años **volvió a estudiar física** (la profesión de su padre).

Resumen

El siglo xx cuenta con grandes científicos, pero ¿posee alguno la excelencia necesaria para ser considerado el justo heredero de Einstein?

Temas relacionados
véanse también
TEORÍAS MODERNAS
DE LA UNIFICACIÓN
página 118
¿LA RELATIVIDAD ESTÁ
EQUIVOCADA?
página 126
NUEVOS AGUJEROS NEGROS
página 134

« *La mayoría de la gente afirma que el intelecto es el que hace grande a un científico. Están equivocados: es el carácter.* **»**

Diagrama de Feynman

Richard Feynman

Stephen Hawking

Edward Witten

Influencia popular

Celebridades de la ciencia

La fama repentina de Einstein después del éxito de la teoría general y sus giras de conferencias siempre llenas dieron lugar a un **nuevo fenómeno**: el de las celebridades científicas. Desde Einstein, numerosos científicos (Michio Kaku, Richard Feynman y Richard Dawkins, entre otros) han intentado explicar sus descubrimiento al público general mediante conferencias, libros y artículos. Como Einstein, muchos han **logrado la fama** de las celebridades del mundo del espectáculo (pensemos, por ejemplo, en Stephen Hawking o David Attenborough). Así, la ciencia fáctica es hoy un filón para la televisión: dos ejemplos son la serie *Cosmos,* basada en el trabajo de Carl Sagan, y el impresionante *Planet Earth,* de la BBC. Mientras tanto, los libros de ciencia ocupan los primeros lugares de ventas y ganan premios Pulitzer, y todo ello se atribuye a la **fama creciente** de sus autores.

Cine y televisión

La vida de Einstein ha sido objeto de numerosos documentales, así como de adaptaciones teatrales. Destaca el drama de la BBC **Einstein and Eddington**, que recoge la historia de la formulación de la teoría general de la relatividad y las medidas de los eclipses tomadas por el astrónomo británico Arthur Eddington (las que confirmaron la teoría). Algunos historiadores científicos critican ese retrato de Einstein por tomarse demasiadas libertades con los hechos. En las películas **IQ** y **Young Einstein** se aportan visiones abiertamente distorsionadas de la vida de Einstein. En *Star Trek: The Next Generation*, el comandante Data (un androide) crea imágenes holográficas de Einstein, Newton y Stephen Hawking (interpretado por sí mismo) para un juego de póquer. El rostro de Einstein, en particular sus ojos, sirvieron como **inspiración** a los escultores que crearon los personajes de *ET, el extraterrestre* y a Yoda, de la serie *Star Wars*.

Música

La influencia de Einstein incluso ha llegado a la música; su figura y su trabajo han inspirado numerosos temas: entre otros, **Einstein A Go-Go** (un éxito de 1981 de la banda británica Landscape), $E = mc^2$ (de Big Audio Dynamite; alcanzó el puesto 11 en la lista de éxitos del Reino Unido en 1986) y *Quark, Strangeness and Charm* (título de un álbum de 1977 de la banda británica de rock Hawkwind). La vida de Einstein sirvió de inspiración a la ópera abstracta **Einstein on the Beach**, de Philip Glass (1976). Einstein fue también una de las figuras influyentes retratadas en la legendaria portada del álbum **Sgt. Pepper's Lonely Hearts Club Band**, de los Beatles (aunque lo tapa casi por completo el hombro derecho de John Lennon).

Resumen
El legado de Einstein deja una huella duradera en la ciencia, así como en política y en el campo de los derechos humanos, pero también (y esto es lo más inesperado) en la cultura popular y en las artes escénicas.

Temas relacionados
véanse también
UNA CELEBRIDAD RENUENTE
página 38
LOS NUEVOS EINSTEIN
página 142

❝ Debería ser posible poder explicar las leyes de la física a una camarera. **❞**

Pensamiento popular

Sinónimo de genio

La palabra *Einstein* se ha convertido en sinónimo de «genio», y no sólo en la cultura popular (el Oxford English Thesaurus la incluye). El aspecto desgreñado de Albert Einstein, su pelo alborotado y sus manifestaciones rebeldes le han convertido en el símbolo del profesor científico **brillante pero distraído**. Esa imagen ha sido reforzada por otros medios, con los «cerebritos» de las películas que se ajustan al arquetipo del **científico loco** con un lado adorable (desde Emmett *Doc* Brown de *Regreso al futuro* hasta el doctor Bunsen Honeydew de los Teleñecos). El aspecto desaliñado de Einstein y su arrogancia acentuaron su humildad y su falta de pretensiones (las cualidades que le hicieron **ganarse el cariño** del público). No es de extrañar que su imagen haya alcanzado tal popularidad.

Relativismo

Las revolucionarias teorías de la relatividad de Einstein coincidieron con el auge de lo que se conoce como «relativismo»: una **revolución de la filosofía** que rechazó la creencia en las verdades absolutas. El paralelismo fue sorprendente porque hasta entonces imperaban las rígidas leyes newtonianas del movimiento y la gravedad (en las que los absolutos eran fundamentales). Al mismo tiempo, el mundo parecía estar gobernado por reglas sociales igualmente **inflexibles**. Y entonces llegó el siglo xx, la primera guerra mundial, las revoluciones rusas, las huelgas... Fue una etapa de grandes disturbios que transformaron el orden social. Esa transformación estuvo acompañada por una nueva era en la ciencia (además de la relatividad, surgieron la teoría cuántica y las ideas psicológicas de Freud) y un nuevo pensamiento en arte, literatura y música. Al parecer, Einstein fue realmente un **hombre de su tiempo**.

El ocaso de un mito

Como les ocurre a todas las celebridades, la vida privada de Einstein estuvo sujeta a rumores (muchos de ellos infundados). El más conocido tal vez sea que **suspendió las matemáticas** en el colegio. Aunque es cierto que no destacó en los exámenes de la Escuela Politécnica de Zúrich, sí brilló en matemáticas en su etapa de estudiante. Otra falsedad es que gran parte de su trabajo original sobre la teoría especial fue obra de su primera mujer, **Mileva Maric**. Es cierto que Mileva fue una competente física y matemática (y que revisó muchos de los cálculos de Einstein), aunque los historiadores coinciden en que las ideas sobre la relatividad fueron exclusivamente de Einstein. Y no olvidemos la historia del romance con **Marilyn Monroe**. Aunque se sabe que Einstein tuvo numerosas aventuras extramatrimoniales, Marilyn no fue una de ellas.

Resumen

Einstein, su vida y sus teorías están ligados a la accidentada historia social del mundo e incluso han hecho sentir su impacto en simples rumores.

Temas relacionados
véanse también
LA ESCUELA POLITÉCNICA DE ZÚRICH
página 28
UNA MENTE MARAVILLOSA
página 44

❝ *Lo más difícil de entender en este mundo es el impuesto sobre la renta.* ❞

Albert Einstein, 1939

Marilyn Monroe

Legado cultural

Albert Einstein Peace Prize

Einstein hizo campaña activa por la paz mundial, sobre todo en sus últimos años, después de ver la devastación que podría provocar la bomba atómica. En 1979, en el **centenario** de su nacimiento, los administradores de su legado decidieron crear la Fundación Albert Einstein Peace Prize. Su primer acto fue la creación de un premio anual de 50.000 dólares para la figura que «realice la **mayor contribución** a la paz mundial, siguiendo la **filosofía de Einstein**». Entre los galardonados figuran el antiguo primer ministro canadiense Pierre Trudeau por su trabajo en la reducción de las armas nucleares; Willy Brandt, excanciller de Alemania Occidental que colaboró en la negociación de la paz con el Este, y Joseph Rotblat, defensor del desarme nuclear.

Universidad Hebrea

Los judíos sionistas tenían intención de establecer una universidad en su patria desde hacía mucho tiempo. La **Universidad Hebrea de Jerusalén** fue el resultado. El campus se inauguró oficialmente en 1925, y Einstein fue miembro del consejo escolar. El científico **legó sus documentos** a la universidad junto con los derechos de autor futuros de su herencia literaria y del uso de su imagen en publicaciones (gestionada por la agencia fotográfica Corbis). La Universidad Hebrea también administra los Archivos Albert Einstein, que incluyen la correspondencia del científico y otros escritos (un total de más de **40.000 documentos**). Los archivos han colaborado estrechamente con el proyecto californiano Einstein Papers Project para compilar y publicar los escritos de Einstein en 25 volúmenes (10 de los cuales ya han sido impresos por Princeton University Press).

Medalla Albert Einstein

La **medalla Einstein** es un premio anual que reconoce a los físicos que han hecho aportaciones en los campos en los que trabajó el propio Einstein. El primer científico que recibió el premio, en 1979, fue Stephen Hawking (de la Universidad de Cambridge). Desde entonces, otros premiados han sido Edward Witten y John Archibald Wheeler (que fue mentor de Richard Feynmann). El premio lo ofrece la **Albert Einstein Society**, con sede en Berna (Suiza). Einstein residió en Berna entre 1903 y 1905, y durante ese tiempo formuló la teoría especial de la relatividad. La sociedad mantiene el que fue el apartamento de Einstein en la ciudad (en el segundo piso de la Kramgasse, 49), y lo ha restaurado reproduciendo el aspecto que tenía cuando lo ocuparon Einstein y su mujer, Mileva. Las **visitas guiadas** del domicilio son muy populares (en el año 2009 recibió más de 30.000 visitas).

Universidad Hebrea
de Jerusalén

Medalla
Albert Einstein

ALBERT
EINSTEIN
1879–1955

El nuevo orden mundial

Naciones Unidas

La creencia de Einstein en un modelo unificado de la física fundamental se repitió en su visión de la **paz mundial**: consideraba que sólo era posible lograrla unificando a todas las naciones del mundo bajo una única bandera. Para ello, era necesario establecer un **gobierno mundial único**. Sin embargo, él mismo se dio cuenta de que esa idea era muy difícil de llevar a la práctica y abogó por la creación de una «organización supranacional». Tendría poder sobre los Estados y la capacidad militar para intervenir y eliminar las alteraciones en la paz antes de que desembocasen en conflictos graves. **Naciones Unidas**, establecida en 1945, al final de la segunda guerra mundial, materializó esa visión en cierta medida (aunque Einstein consideró que le faltaba el poder y la independencia necesarios para ser realmente eficaz).

Globalización

El «mundo unido» de Einstein se ha acercado un poco más gracias a la globalización que ha supuesto **Internet**. A medida que cada vez más personas se conectan para interactuar entre sí (por ejemplo, a través de redes sociales como Facebook), comprar, leer las noticias, jugar e incluso hacer intercambios comerciales (como en el caso de eBay), las fronteras que dividen las naciones **se desdibujan** cada vez más. En la «aldea global» de la vida *online*, no importa si uno vive en Arkansas o en Azerbayán. Así, las leyes que gobiernan las actividades en Internet se están adaptando, sin prisa pero sin pausa, para **trascender esos límites**. Los efectos ya empiezan a notarse en el mundo real: la cultura, las empresas, las tendencias y las ideas son cada vez más globales y cada vez menos entidades nacionales.

El auge de la democracia

Albert Einstein vivió una de las épocas más oscuras de la historia reciente: la primera guerra mundial, las atrocidades de la Alemania nazi y el comienzo de la guerra fría. La inhumanidad del hombre para el hombre, sumada a la gran amenaza de las armas nucleares, llevó a Einstein a pasar gran parte de sus últimos 10 años de vida luchando no sólo por la paz, sino también por la **libertad de expresión** y la **libertad individual**. A pesar de las actuales amenazas a la paz por el terrorismo y las acciones de los Estados corruptos, parece que el mundo, en gran parte, ha entendido que esos ideales tienen sentido. En 1972, sólo 40 naciones eran democracias libres (alrededor del 20 % del número total de países). En 2007, esa cifra se había elevado a 123, más del **60 % del planeta.** Einstein estaría orgulloso.

Resumen

Einstein invierte los últimos años de su vida en intentar unificar no sólo la física, sino también el mundo. Naciones Unidas, Internet y la libertad democrática están dando forma a su sueño definitivo.

Temas relacionados

véanse también

EL ACTIVISTA
página 54

TEORÍA DE CAMPO UNIFICADO
página 100

« *La única salvación para la civilización y la raza humana radica en la creación de un gobierno mundial.* **»**

Einstein durante una visita a un instituto de Filadelfia

Oficina de las Naciones Unidas, Ginebra, Suiza

Cronología

1932

El físico Carl Anderson descubre la primera partícula de antimateria, que ya se predijo después de aplicar la relatividad a la teoría de partículas subatómicas.

1945

$E = mc^2$ se hace terriblemente real cuando la primera bomba atómica explota sobre la ciudad japonesa de Hiroshima.

1947

El físico William Shockley y varios colegas inventan el transistor. Actualmente, millones de transistores forman parte de los microchips modernos. Funcionan utilizando semiconductores (Einstein colaboró en el desarrollo de la teoría en 1905).

1956

El uso pacífico de la energía atómica se hace realidad en la primera planta nuclear del mundo, en Calder Hall (Inglaterra).

1957

El físico americano Charles Hard Townes aplica la teoría de la emisión estimulada por átomos de Einstein en la invención del láser, que actualmente se utiliza en campos tan variados como las telecomunicaciones o los reproductores Blu-ray.

1961

Los físicos norteamericanos Carl Brans y Robert Dicke plantean la primera teoría escalar-tensor, una modificación de la teoría general de la relatividad.

1969

El físico teórico italiano Gabriele Veneziano formula la teoría de cuerdas. Hay quien afirma que es la ruta más prometedora para realizar el sueño de Einstein de una teoría de campo unificado.

1974

El profesor Stephen Hawking, de la Universidad de Cambridge, demuestra que «los agujeros negros no son tan negros» aplicando la teoría cuántica para mostrar que emiten radiación.

1982

Un equipo francés encabezado por el físico Alain Aspect demuestra que el entrelazamiento cuántico (una predicción de la teoría cuántica que Einstein consideraba absurda) es una característica real del mundo.

1986

Un grupo de investigadores liderados por el profesor Kip Thorne, del Instituto de Tecnología de California, demuestra que los agujeros de gusano podrían servir, en principio, como máquinas del tiempo hacia el pasado.

1994

Miguel Alcubierre, de la Universidad de Gales (Cardiff), desarrolla un modelo teórico (el «impulso de deformación») según el cual una nave espacial podría superar con creces la velocidad de la luz.

2008

El gran colisionador de hadrones, un acelerador de partículas ubicado en la frontera francosuiza, se pone en marcha por primera vez. Si hay algo capaz de revelar si las fuerzas de la naturaleza realmente están unificadas, es este acelerador.

Glosario

Agujero de gusano Túnel en el espacio que forma un atajo entre regiones distantes del universo.

Antimateria Partículas subatómicas con propiedades opuestas a las de la materia normal. Cuando la materia y la antimateria se encuentran, se convierten en energía.

Año luz Distancia que puede recorrer la luz en un año, igual a 9,46 billones de kilómetros.

Asteroide Fragmento de roca desprendido durante la formación del Sistema Solar que continúa girando alrededor del Sol.

Big Bang Creación del universo, hace unos 13.700 millones de años.

Bits «Dígitos binarios» de información, que pueden ser 0 o 1.

Bosón Partícula subatómica con un espín cuántico de número entero (0, 1, 2, 3, etcétera).

Corrimiento al rojo gravitacional Según la teoría general de la relatividad, la luz pierde energía cuando sube por un campo gravitatorio, y su frecuencia baja o se «corre al rojo».

Elemento químico Toda sustancia en la que los átomos son los componentes fundamentales. El número de protones que contienen los átomos define los distintos elementos.

Emisión estimulada Proceso por el cual los átomos pueden emitir luz coherente y monocroma. La teoría fue planteada por Einstein y es fundamental para el funcionamiento de los láseres.

Entrelazamiento cuántico Es la manera en que pares de partículas cuánticas pueden permanecer unidos incluso cuando los separan grandes distancias.

Fermión Tipo de partícula subatómica con un espín cuántico de medios números enteros (por ejemplo, 1/2, 3/2, 5/2, etcétera).

Fisión nuclear Liberación de energía mediante la división del núcleo de un átomo pesado.

Fusión nuclear Liberación de energía que tiene lugar al unir dos núcleos de átomos ligeros.

Gravedad cuántica La teoría general de la relatividad es una teoría de la gravedad que describe el universo. Éste, según se ha explicado el Big Bang, era más pequeño que un átomo. Por tanto, debería existir una teoría cuántica de la gravedad para describir esa fase de la historia cósmica. Hasta el momento, sin embargo, los físicos siguen intentando encontrarla.

Impulso de deformación Método teórico para viajar más rápido que la luz mediante el estiramiento y la deformación del espacio.

Láser Fuente de luz monocromática (una longitud de onda) y coherente (las ondas de luz estan en fase en el tiempo y en el espacio).

Modelo estándar El paradigma actual de la física de partículas y de las fuerzas fundamentales de la naturaleza. Se sospecha que está incompleto porque no incorpora la gravedad.

Paradoja de la relatividad Aparente contradicción en las predicciones de la teoría de la relatividad de Einstein. Las paradojas surgen cuando la teoría no se aplica con la suficiente atención.

Qubits «Dígitos binarios cuánticos» de información, que pueden ser 0 y 1 al mismo tiempo. Se emplean en los ordenadores cuánticos.

Rayo cósmico Partícula subatómica del espacio exterior con una gran cantidad de energía.

Supernova Explosión colosal que señala la muerte de una gran estrella que tiene una masa varias veces la del Sol.

Supersimetría Las partículas subatómicas se dividen en dos grandes familias llamadas fermiones y bosones. La supersimetría afirma que por cada fermión existe su correspondiente bosón, y viceversa.

Teoría de cuerdas Proposición de ampliación del modelo estándar de la física de partículas en la que éstas se componen de bucles vibrantes diminutos.

Teoría electrodébil Teoría física semiunificada de partículas que combina el electromagnetismo con la fuerza nuclear débil (la fuerza que opera dentro de los núcleos atómicos y que es responsable de la radiactividad).

Topología Rama de las matemáticas que describe cómo los puntos del espacio o de una superficie están conectados con otros puntos.

Resumen general

Primeros años

Albert Einstein nació el **14 de marzo de 1879** en Ulm (Alemania). Aunque tardó en empezar a hablar, fue un niño brillante muy interesado en las matemáticas y las ciencias. Leyó las grandes obras de divulgación científica cuando tenía 10 años. En 1896 empezó a estudiar en la Escuela Politécnica de Zúrich. Fue un estudiante **brillante pero perezoso** (sólo se esforzaba en las materias que le interesaban), y terminó el segundo empezando por el final. Eso le impidió conseguir un trabajo académico y le obligó a aceptar un puesto como **experto técnico** en la oficina suiza de patentes. En Zúrich conoció y se enamoró de Mileva Maric, con la que **se casó en 1903** y tuvo tres hijos.

Edad de oro

Einstein continuó con sus investigaciones científicas en su tiempo libre. El esfuerzo se vio compensado en 1905, cuando publicó cuatro trabajos científicos que **revolucionaron la física**. Los trabajos trataban sobre el efecto fotoeléctrico (la base de los paneles solares); la teoría especial de la relatividad (una nueva teoría del movimiento de los objetos a velocidad cercana a la de la luz); una consecuencia de la relatividad: **$E = mc^2$**; y el movimiento browniano. Pasaron tres años más hasta que Einstein consiguió su primer trabajo académico en la Universidad de Berna. En 1914 recibió una oferta de la prestigiosa Universidad de Berlín. En 1915, Einstein formuló la **teoría general de la relatividad**, que explicaba la gravedad como la curvatura del espacio y el tiempo. En 1919 se confirmó experimentalmente. El trabajo de Einstein destruyó su vida personal: se separó de Mileva en 1914 y se divorciaron cinco años más tarde.

Últimos años

Einstein se casó con Elsa, su segunda mujer, en 1919. Después del éxito de la teoría general de la relatividad, se hizo **famoso al instante**. Tras una serie de conferencias con lleno total, recibió el premio Nobel de 1921 y varios reconocimientos y distinciones más. Einstein pasó gran parte de sus últimos años investigando (en vano) una teoría para **unificar** la gravedad con la electricidad y el magnetismo. Su juicio científico se tornó conservador en su madurez, cuando se opuso con vehemencia a la nueva y extraña teoría cuántica. En la década de 1930, sus raíces judías le obligaron a **huir de la Europa nazi**. Se estableció en Princeton, Nueva Jersey, donde continuó con sus investigaciones y pasó a militar activamente en el movimiento pacifista (un tema que cobró protagonismo tras los bombardeos atómicos de 1945). Albert Einstein murió como consecuencia de un aneurisma de la aorta el **18 de abril de 1955**.

« Nuestro tiempo se caracteriza por los maravillosos logros en los campos de la comprensión científica y la aplicación técnica de esos descubrimientos. ¿Quién no se alegraría de ello? Pero no olvidemos que el conocimiento y las capacidades humanas por sí solas no pueden llevar a la humanidad hacia una vida feliz y digna. [...] Lo que debe la humanidad a personalidades como Buda, Moisés y Jesús es para mí más importante que todos los logros de la mente curiosa y constructiva. »

Albert Einstein,
1910

Albert
Einstein,
1947

Recursos

Libros

Al-Khalili, Jim
Quantum: A guide to the Perplexed
WEIDENFELD & NICOLSON, 2004

Cox, Brian y Forshaw, Jeff
Why Does E=mc²?
DA CAPO, 2010

Einstein, Albert
Mi visión del mundo
TUSQUETS, 2005

Einstein, Albert et ál
The collected papers of Albert Einstein
PRINCETON UNIVERSITY PRESS, 1987

Greene, Brian
El universo elegante
CRÍTICA, 2005

Hawking, Stephen
Brevísima historia del tiempo
CRÍTICA, 2005

Hawking, Stephen y Mlodinow, Leonard
El gran diseño
CÍRCULO DE LECTORES, 2011

Isaacson, Walter
Einstein: su vida y su universo
DEBATE, 2008

Lederman, Leon Max
La partícula divina: Si la respuesta es el universo, ¿cuál es la pregunta?
CRÍTICA, 1996

Lincoln, Don
The quantum frontier: The large hadron collider
JOHNS HOPKINS UNIVERSITY PRESS, 2009

Michio Kaku
Física de lo imposible: ¿Podremos ser invisibles, viajar en el tiempo y teletransportarnos?
DEBATE, 2009

Peterniti, Michael
Viajando con Mr. Albert: Una travesía por Estados Unidos con el cerebro de Einstein
RBA LIBROS, 2000

Penrose, Roger; Einstein, Albert y Stachel, John
Einstein's miraculous year
PRINCETON UNIVERSITY PRESS, 2009

Zackeheim, Michele
Einstein's Daughter
RIVERHEAD BOOKS, 1999

Revistas/artículos

Discover, septiembre de 2004
«Einstein [In a nutshell]»
www.discovermagazine.com

Focus, julio de 2010
«Einstein's Blunders»
www.bbcfocusmagazine.com

New Scientist, 3 de diciembre de 2005
«Dark Energy: Was Einstein right all along?»
www.newscientist.com

Scientific American, septiembre de 2004
«Beyond Einstein»
www.scientificamerican.com

Time, 14 de junio de 1999
«Person of the Century»
www.time.com

Páginas web

Albert Einstein Society
http://bit.ly/cXhtql

American Institute of Fisics
Exposición sobre Einstein
www.aip.org/history/einstein/

Einstein Archives Online
Documentos de Einstein digitalizados
www.alberteinstein.info

Einstein Papers Project
Documentos de Einstein digitalizados
www.einstein.caltech.edu

Large Hadron Collider
Información y novedades
www.lhc.ac.uk

LISA (observatorio de ondas gravitacionales)
http://lisa.nasa.gov

Cómo es caer en un agujero negro
http://bit.ly/anFlur

Índice

Agradecimientos

El editor desea dar las gracias a las siguientes personas y organizaciones por su amable permiso para reproducir las imágenes de este libro. Pedimos disculpas si, a pesar del esfuerzo por incluir las referencias a todas las imágenes, se han producido omisiones no intencionadas.

Alamy/The Print Collector: 149siz.

Corbis/Bettmann: 10i, 12s, 12iz, 12d, 13s, 13i, 15s, 15i, 16s, 17sd, 83i, 105id, 145i, 147siz, 151c; Sergey Konenkov/Sygma: 14i; Underwood and Underwood: 16c; Ted Spiegel: 41; Mark Garlick/Science Photo Library: 83s; Profiles in History: 103s; EPA/Martial Trezzini: 121i; Sergey Konenkov/Sygma: 147sd; Hulton-Deutsch Collection: 147sd.

Fotolia: 18, 23sd, 31, 35iz, 41sc, 41sd, 43iz, 58sc, 58sd, 59iz, 62s, 64, 67s, 69s, 72, 73s, 79c, 101ic, 101s, 108, 110, 113sc, 115i, 115sd, 116, 117sd, 123i, 125i, 127s, 128, 129s, 131c, 138, 139id, 145s; Clearviewstock: 4; Andrzej Tokarsk: 25d; Karelin Dmitriy: 25s; Jürgen Priewe: 27s; Stocksnapper: 27siz, 28s, 53i; Eti Ammos: 33iz; Daniels B foto: 35ic; Uros Petrovic: 35ic; Bernd Kröger: 37; Jeff Metzger: 45sd; Murat Baysan: 47s; James Steidl: 49c.

Odelia Cohen: 49ciz; JLV Image Works: 49iiz; Valery Seleznev: 49id; Gino Santa Maria: 51sd; Alex Kalmbach: 55i; Emir Simsek: 57sc; Ann Trilling: 57sd; Flavia Morlachetti: 59siz; VIPDesign: 59sd, 63; Jeff Metzger: 67i; Yurok Aleksandrovich: 73d; Yury Shirokov: 73iiz; Charles Aghoian: 75id; Georg Lehnerer: 77sd; Cycreation: 79s; Amorphis: 79i; NorthShoreSurfPhotos: 79id; Georgios Kollidas: 86; Ralf Kraft: 89cd; Petr Mašek: 89iiz; Alexander Potapov: 100sd; Christian Bijani: 105s; Flavia Morlachetti: 109; Byron Moore: 113s; Vibe Images: 115cd; Vladislav Gajic: 117id; Darren Whittingham: 119s; Vincentmax: 119iiz; James Steidi: 124s; Morten Kjerulff: 127i; Jaimie Duplass: 129i; Valery Seleznev: 133c; HP_Photo: 146; Kim D. French: 157siz.

Getty Images/Hulton Archive: 2, 21iz; Jon Levy/AFP: 11sd; Don Emmert/AFP: 17iz; Henny Ray Abrams/AFP: 31; Ralph Morse/Time Life Pictures: 59i; Science & Society Picture: 77c; SSPL: 121s, 143sd.

iStockphoto: 21, 125c, 139; Bryant Travels: 57i; Gustaf Brundin: 81sd; Georgios Kollidas: 81d; Charles Schug: 93iz; DNY59: 113c; Kirill Putchenko: 117c; Billy Hoiler: 131s; Grafissimo: 133s; Christian Miller: 139s.

Chris Lawrence: 139iiz; Joseph Luoman: 147siz.

Library of Congress/Prints and Photographs Division, Washington, D. C.: 3, 6, 10s, 11i, 14siz, 14sd, 21cd, 21sd, 23id, 27c, 27i, 29c, 33s, 37siz, 37s, 38, 39i, 41ciz, 43s, 45c, 47c, 49cd, 51id, 51iiz, 52, 55, 57siz, 57c, 62i, 67ciz, 75sd, 81i, 85iz, 89i, 99iiz, 99ciz, 101id, 103d, 108iiz, 115siz, 154, 157i; US National Archives: 51s; United States Department of Energy: 141i.

NASA: 87c, 89ciz, 91s, 93d, 93siz, 135s, 135i, 136, 137, 141sd.

Shutterstock: 140, 141siz; Irem: 3; Arkady Mazor: 43c, 43i; Irem: 85; Wolfgang Kloehr: 87i; Komissaroff: 87id; Michael Taylor: 89siz; Andrea Danti: 115iz; Andrew Cin: 121c; R. T. Wohlstadter: 133d; David Fowler: 143iiz; Brendan Dias: 151i.

Thinkstock/Brand X Pictures: 113id.

Topfoto: 35s; Ann Ronan Picture Library/HIP: 11siz; Jewish Chronicle Archive/HIP: 39s.